谁偷走了你的快乐

贾连庆 / 著

中国经济出版社
CHINA ECONOMIC PUBLISHING HOUSE

北 京

图书在版编目（CIP）数据

谁偷走了你的快乐／贾连庆著．
北京：中国经济出版社，2018.3
ISBN 978－7－5136－5014－4

Ⅰ.①谁… Ⅱ.①贾… Ⅲ.①休闲娱乐—研究 Ⅳ.①C913.3

中国版本图书馆 CIP 数据核字（2017）第 299425 号

策划编辑	伏建全
责任编辑	孙晓霞
文字编辑	赵立颖
插图设计	牛　腩
责任印制	马小宾
封面设计	任燕飞设计工作室

出版发行	中国经济出版社
印 刷 者	北京科信印刷有限公司
经 销 者	各地新华书店
开　　本	880mm×1230mm　1/32
印　　张	6.625
字　　数	120 千字
版　　次	2018 年 3 月第 1 版
印　　次	2018 年 3 月第 1 次
定　　价	39.00 元

广告经营许可证　京西工商广字第 8179 号

中国经济出版社 网址 www.economyph.com 社址 北京市西城区百万庄北街 3 号 邮编 100037
本版图书如存在印装质量问题，请与本社发行中心联系调换（联系电话：010－68330607）

版权所有　盗版必究（举报电话：010－68355416　010－68319282）
国家版权局反盗版举报中心（举报电话：12390）　　服务热线：010－88386794

题记

本书试图找到以下名词新的解释,尤其是在"成功"和"快乐"中的区别:

目标　平常心　活在当下

知足常乐　浮躁　发泄　攀比

寂寞　自爱　自信　挑战

成就感　使命　意义　淡泊

完美　无辜　自责　挫折

将就　爱　忍　恕

序1

在高生产和高消费的驱使下，人们一边拼命赚钱，一边努力花钱，陷入了一个旋涡中，钱好像越来越重要。

然而，"现在中国人好像总是不快乐，学生抱怨作业多，白领抱怨工作累，妇女抱怨家务忙，官员抱怨应酬多，老人抱怨子女不回家……"，白岩松在《你为什么总是不高兴？》一文中写道。

在财富面前我们很难平等，有的人衔着金钥匙出生，生而坐拥我们几辈子也赚不到的财富；有的人财运亨通，轻松赚得万贯家财。

幸亏，快乐和幸福不是商品，上帝并没有给有钱人买快乐的特权。使得在快乐与幸福面前，可以人人平等。**经过努力未必能够成功，但经过修炼一定可以快乐。**"有钱能使鬼推磨"也许真的是这个时代最畅销的真理，但很少有人能相信，鬼能给你带来快乐。

如今，攀比之风日盛，更多人攀比的是人生的成就，你输了还是赢了？那么，如果要攀比人生中的快乐，你会输还是赢呢？本书就是要告诉你如何赢得这场"攀比"游戏。

美国西雅图的派克街鱼市，因为别具一格的快乐氛围，竟然成为一个旅游胜地。

你可能注意到了，朋友圈已经从晒财富过渡到晒休闲，从比阔过渡到比乐。旅游度假的照片成为朋友圈最佳晒材，相信马上就会晒快乐了——惬意的笑脸、独特的发现美的角度、爱与快乐的演绎和感怀。

你备好料了吗？

序2

2016年里约奥运会上,一股清流不期而至,她就是从泳池里走出来了美少女傅园慧——"洪荒之力"的"表情帝"。

奥运赛场作为顶级赛场,是成功的巅峰,除了一贯的感动和泪水,从这里流露出的快乐元素更有穿透力。因此,"傅氏快乐"触动了当下职场被压抑许久的快乐神经,掀起巨大的涟漪。

傅园慧说:

我在寻找我的生命的意义,和对这个世界的态度。
我明白了我为什么而活。
我想要什么样的生活。
很简单。
快乐,爱心,感恩。
这就是我想要的。

但我再次声明我不是个逗逼。

我是个哲学家。

我只是比较快乐而已。

人,都应该为自己而活。

活出自己的风格与热度。

不要再忍辱负重,委曲求全了。

去做个咆哮的小园园吧。

虽然看着狰狞了点。

可是毕竟开心哪。

因一生平顺而换来的好心态固然值得羡慕,但她也经历了痛苦,却仍然活得阳光灿烂。

她和千千万万的我们一样,认为"人,都应该为自己而活",那就要活得快乐,就要懂得生活中最质朴的快乐哲学。

本书带给你的就是浅显的快乐哲学和深刻的快乐感悟。

目录

CHAPTER 1

偷走你快乐的第一个人："等待"

结束"等待",尽享当下之乐 /003

永远的"等待者"/003

成功学和快乐学的分水岭 /005

人生的两种苦 /010

活在当下 /012

活出真实的自己 /015

一次只做一件事情 /017

一分耕耘,一分收获? /020

CHAPTER 2

偷走你快乐的第二个人："浮躁"

按下"浮躁",沉淀静心之乐 /025

平常心 /026

谋事在人,成事在天 /028

发泄 /029

攀比 /031

励志片 /033

寂寞 /034

心有多广,财富就有多裕 /037

CHAPTER 3

偷走你快乐的第三个人："庸俗"

走出"庸俗",品尝成就之乐 /043

物质简单,精神丰厚 /043

成就感 /047

西红柿炒鸡蛋 /051

生命的意义 /054

使命 /057

里程碑 /060

爱 /062

CHAPTER 4

偷走你快乐的第四个人："势利"

超越"势利"，走向成长之乐 /067

成长之乐 /068

工作中成长 /069

成长感与不良习惯的纠正 /072

全民娱乐化 /073

与他人建立良好关系 /074

CHAPTER 5

偷走你快乐的第五个人："自卑"

抛弃"自卑"，进入自爱之乐 /081

东西方差异 /082

做自己喜欢的人 /083

自爱的修炼 /087

自责的偏见 /089

自嘲 /093

CHAPTER 6

偷走你快乐的第六个人："知足"

无法"知足"，那是平衡之乐 /097

人生而不知足 /098

知足与平衡 /101

稀缺的平衡 /103

平衡的艺术 /104

感性的烦恼 /107

苏格拉底 VS 老子 /110

弃盾舞双剑 /112

淡泊 /113

CHAPTER 7

偷走你快乐的第七个人："如意"

识破"如意",迎接挑战之乐 /117

"如意"的泡沫 /117

挑战思维 /119

乐在挑战毛泽东 /121

推迟满足感 /122

自律 /124

聚焦 /126

CHAPTER 8

偷走你快乐的第八个人："完美"

告别"完美",接受缺憾之乐 /133

完美主义的危害 /134

如何走出完美主义 /135

钝感力 /137

将就,不将就 /139

CHAPTER 9

偷走你快乐的第九个人："无辜"

何有"无辜",只有宽恕之乐 /145

交通事故引发的 /146

团队与家庭中的无辜 /148

同情心的错 /150

忍与恕 /151

CHAPTER 10

偷走你快乐的第十个人："无趣"

赶走"无趣",投入有趣之乐 /157

只有无趣的你,没有无趣的生活 /157

有趣,是一种人品 /160

有趣,是一种创造 /161

好奇心 /163

仪式感 /166

动作化 /169

小确幸 /171

小时候……小时候 /176

CHAPTER 11

有关快乐的小杂文

生活的暴击值得感激吗？ /181

负面情绪背后的积极意义 /182

价值论的陷阱 /184

自己的选择 /185

上帝的礼物 /188

感性与理性 /191

春夏的问题 /192

交给时间 /194

仁者无敌 /195

参考文献 /197

CHAPTER ONE
偷走你快乐的第一个人:

"等待"

结束"等待",尽享当下之乐

第一个偷走你快乐的人,叫"等待",大家公认的一位好老师。他曾经无数次地给你饱含希望的鞭策和安慰。

"等你可以达到月薪1万元,你就可以好好享受生活。"

"等你考上公务员,你就可以迎接幸福了。"

"等你到了六十岁退休时,你就能躺在安乐椅上享受日光浴。"

……

永远的"等待者"

生命常常被虚掷在等待里。

其中,"小型等待"指的是在商场排队、等电梯、塞车、候机以及等广告结束,或者等人、等工作完成之类的事件。

至于"大型等待",则是等待下一次渡假,等待一个更好的工作,等待孩子长大,等待成功和发财。

总之,"大型等待"是在等待未来的繁荣。因为你觉得

偷走了你的快乐?

无论这一刻达成或者得到什么,未来会比现在更好。你的美好生活不是在此刻流淌,而是在下一刻展开。

然而遗憾的是,你所期待的繁荣不会在未来实现。

笔者在读中学的时候,老师莫不给我们同学灌输这样的"等待"——等你们考上了大学,就好像进了天堂似的……

那时候,大学难考,而且毕业后国家包分配,有铁饭碗。现在的大学多了,上大学也不再稀罕。老师的教诲也与时俱进了,"别着急玩,当下是拼搏的时候,等你们到了大学,尽可以撒欢享受的。恋爱、泡吧、逛街、懒觉……一个都少不了!"

结果呢,当你到达了那个目标之后没多久,没想到又回到了原点。如果你经常焦虑或紧张,就算是达成了一个又一个目标,不用多久,那些焦虑和紧张又会失而复得。

难道不是吗?进入到被中学老师描绘得胜似天堂的大学校园里,照样充满着焦虑,以至于大学生的焦虑都成了一个社会问题。按说参加工作就不用焦虑了吧?一如既往,接下来又有了初入职场的焦虑和不安,还有面对职场天花板的焦虑和迷茫,还有人到中年的焦虑和恐慌,甚至还有退休后的焦虑和无所适从,最后等着你的是临终前的焦虑和无可奈何。

看来,只要你是焦虑的人,你就会一直焦虑下去,没有等待来的快乐。正如萧伯纳所讽刺的那样,"**如果我们觉得不幸,可能会永远不幸。**"

对现有的不满意，也许会激励你变得富有。不过即使你真的赚进了几百万，你内心深处也会继续感到不满足，一样的焦虑和沮丧。

想当初，多少人以为"电灯电话，楼上楼下"，那是堪比极乐世界的生活；可如今，更多人却在设法摆脱钢筋水泥的牢笼。

花了一辈子的时间等待展开生活，但只有昙花一现甚至从未展开的人也不在少数。

所以，享乐不应该有"等待"的限定条件。每天的一个基本信念是，你有权自娱自乐，不论你是一位百万富翁，抑或是一个不名一文的流浪汉；也不论你从事的是令人敬仰的工作，还是最底层的劳作。

今后，当你发现自己溜进等待状态里的时候，立刻跳出来，进入当下这一刻，享受当下的存在。下一次有人告诉你，"抱歉，让你久等"的时候，你可以回答他，"没关系，我没等。我站在这儿自得其乐，乐在其中。"

思考：别人给你灌输过的"等待"的快乐，还有你自学的"等待"的快乐，都实现了吗？感觉如何呢？

成功学和快乐学的分水岭

成功学最核心的概念是什么？答案几乎是一致的，它就是——目标：伟大的目标可以产生伟大的动力，伟大的动力激发伟大的行动，伟大的行动必然会成就伟大的事业；小目

标，小成功；大目标，大成功。

更有某某成功学大师的锵锵铁律——为什么一般人会失败？

1. 缺乏目标。
2. 目标没有写下来。
3. 目标不明确。
4. 目标没有设定期限。
5. 时常更改目标。
6. 目标太多。
7. 缺乏核心目标。
8. 忘了设定短期目标、中期目标和长期目标。

……

所以，如何看待目标也是成功学和快乐学的分水岭。

在成功学大师的眼里，目标是成功者的精髓和杀手锏。然而正是对宏伟目标强烈的企图心，以及过多的鸡血和过细的计划，扭曲了人的自由意志和本性的安详。

突然觉得，成功学好可怜，可怜到只剩目标和计划了，以及孤零零的企图心。

而快乐学是这样理解目标的：**要有目标，是不是能实现它则在其次；追求目标，而不是达到目标，才是带来幸福和积极情感的要素。**

在成功学的视野里，努力就会成功或者努力才会成功；而在快乐学的视野里，却不是对等的"努力才会快乐"，而是"努力就是快乐的"。

这两种学问的显著区别是：成功必须等待目标的实现，快乐务必及时享受当下的努力。

不幸的是，对于"及时行乐"，受孔孟之道的"克己复礼"以及"存天理，灭人欲"的束缚，我们中国人骨子里正缺少这种基因。

比如，古人习惯把"四大喜"描述为"久旱逢甘雨，他乡遇故知，洞房花烛夜，金榜提名时。"这其实是对快乐的极大扭曲，因为都是让你"等待"：久旱后的甘雨是无奈的等待，喜得悲悯；他乡遇故知是偶遇，为何不珍惜日常身边的朋友呢？"洞房花烛夜倒是值得期盼，可一夜的欢喜怎敌恋爱中的浓情蜜意？如果古人没有恋爱，或者根本未曾谋面，那"洞房花烛夜"也许是忐忑的，甚至是悲剧的开始；至于"金榜题名时"，就更不值得一提了，因为那更是"众人落榜时"。

如果把"四大喜"改为面向过程的"四大喜"，"春种秋收时，身边友如织，浓情蜜意里，求学觅功绩。"这才是我们该追求的快乐，堪比"采菊东篱下，悠然见南山"的意境。

"人生得意须尽欢"本来是再普通不过的日常情怀，日

子本该如此，却成为后人眼中的豪放之语。

一首《金缕衣》，"劝君莫惜金缕衣，劝君惜取少年时，花开堪折直须折，莫待无花空折枝。"杜秋娘以这首极具挑逗的小曲，先后获得了纳妾和升妃的机会，说明那个年代"及时行乐"是多么的弥足珍贵。

如今，当我们看到很多有明确目标却苦着脸的人，就不觉得奇怪了。他们与幸福的人最大的区别在于：往往把目标的实现作为幸福的条件，而忽略了追寻目标的过程。

张小娴曾经感慨过："后来，我才知道，我们努力追求不平凡，到头来却会失去许多平凡人的幸福。"

所以，如果想保持幸福感，必须改变我们通常对目标的期望。与其把它当成一种结局，相信它可以使我们开心；不如把它看作意义，相信它可以加强我们旅途上的快乐。当目标被认可为意义时，它会帮助我们去规划旅途上的每一步；而不像被认为是结局时，它所带给我们的只是无数的困难和挑战。

如何看待目标就是成功学和快乐学的分水岭，这也是很多人一生幸福与否的分水岭。

即便拿下了 NBA 总冠军的球队，在几天的狂欢之后，很快就进入了下个赛季的征程。总冠军奖杯和总冠军金戒指带给球员们的欣喜肯定是短暂的，而打篮球和打比赛的快乐才是长久的。

故而,如下这意料之外的一幕,应该也在情理之中。

当勇士队击败骑士队获得 2016—2017 赛季 NBA 总冠军的时候,当杜兰特获得 FMVP(总决赛最有价值球员)的时候,居然有人能在替补席睡觉,而且还打着呼噜。而更让人瞠目结舌的是,睡着的这位居然是两届 NBA 最有价值球员纳什。

这也许是世界上最美的呼噜声吧,多么气定神闲。

假如有人采访他纳升,他的台词一定是这样的:"在通往总冠军目标的途中,我已经欣赏到了足够的风景,那么此刻,就留给他们狂欢吧!"

澳大利亚作家邦妮·韦尔,用八年时间投身临终前关怀的事业,写下《临终前最后悔的五件事》。

1. 希望我有勇气过自己真正想要的生活。
2. 希望我以前没有那么拼命地工作。
3. 希望我有足够的勇气表达自己的感受。
4. 希望我能够和自己的朋友们一直保持联系。
5. 希望我已经让自己成为快乐的人。

她临终前最后悔的,并非自己没有努力过,也不是错失了成功的机会,而是缺少了四个字——及时行乐。不论是偏离了自己内心快乐的方向,还是工作过于拼命而忽视了快乐,

还是压抑自己的感受,还是忽视了友情。

所以,别指望能有一条道路是通向幸福的,幸福就是这条道路本身。即便有一条通往幸福的路,也不是一条马路,它至少是一条琳琅满目的商业街。如果你只知道一路前行,而不驻足观望,对两侧风景视而不见的话,你的一生将黯淡无光。哪怕走得很远,登得很高。

思考:想一下你的目标是什么?你想让你的目标给当下的你带来什么?

人生的两种苦

周国平说过:人生有两大快乐,一是没有得到你心爱的东西,于是你可以去追求和创造;二是得到了你心爱的东西,于是你可以去品味和体验。

在快乐学的观点中,人生还有两种苦,一种叫"做自己不喜欢的事",另一种叫"品自己不喜欢的果"。前者比如懒人不得不干活儿,后者比如馋人没肉吃,或者不忍自己及亲人蒙羞和蒙难。

能克服第一种苦的快乐是积极进取的快乐,所谓"痛并快乐着";能克服第二种苦的快乐是消极退让的快乐,所谓的"退一步海阔天空"。

说到这里,又回到成功学和快乐学的差别,在成功学那里,"积极进取"相对于"消极退让",似乎前者是一个褒义词，后者则是贬义词，一个走向成功，一个走向失败。而在快乐学中，只能说一个偏硬且光鲜艳丽，一个偏软且暗淡素雅，各有千秋。

先看"做自己不喜欢的事"。成功学中有个著名的"舒适圈"的理论，告诉人们要勇于走出自己的舒适圈。按照快乐学的简单逻辑，走出舒适圈就意味着让自己受苦，但为什么成功学却鼓励人们去做呢？逻辑也很简单，因为一直待在舒适圈意味着平庸甚至失败。而直觉告诉我们，好像平庸者尤其失败者很难同时做一个快乐者。

所以关键在于"愿意"两个字。只要我们愿意走出舒适圈，愿意让自己主动受点苦，我们就是快乐的，信念在支撑着我们的快乐，尽管此时身体或者心里依旧不喜欢。所以，积极进取的快乐就是走出"舒适圈"和迎接挑战。

本节的很大篇幅，即围绕着这种信念，围绕着积极进取来研究快乐。

再看"品自己不喜欢的果"。当人生到了不得不品苦果的时候，就只能愉快地接受了。此时唯一让你感到心理平衡一点的是：现实世界的果子，尽如人意的不多，大多都是苦果，你无可选择，只能一一接受它。如佛家所言，人生来就是受苦的。

人生的悲惨之处往往是这样的，先是历经艰难，而后却又品尝苦果，"出力"却未必"讨好"。你唯一的出路就是——在历经艰难和"出力"的时候及时行乐。

由此还引出了一种令人担忧的社会现象。

如果一生或者半生的艰难辛苦,换来的依旧是"苦果"。这样的情景被下一代的孩子们看在眼里,也就不难理解当今的这样一群年轻人,他们很会"活在当下":即便逼着自己做了自己不喜欢做的事儿,也不一定能得到一个好的结果。还不如做点自己喜欢的事儿,然后听天由命,或者告诉自己"没有什么接受不了的"。他们宁愿到时候自己品尝苦果,也不愿意难为自己做自己不喜欢的事儿。

可怕的"不快乐的成功者"现象,会影响年轻人的快乐观,他们就有理由和动机拒绝成功,拒绝为成功而付出艰辛。最终的结果是危险的,在消极地获得快乐的同时,导致人生选择的空间越来越小,生命的色彩越来越暗淡,心灵越来越空虚。很多沉迷游戏的少年,他们在游戏中寻找自己的成就感和快感,跟错误的快乐观不无关系,是"不快乐的成功者"现象影响了他们快乐观的天平。

当今,年轻人对艰苦奋斗的反感,一定程度上也来自于"不快乐的成功者"现象。所以,**这一代人的快乐会影响下一代人的成功,父母的快乐会影响孩子的成功。**

"用快乐的方式灌溉的种子会成长得更茁壮。"著名教育家叶圣陶说。

活在当下

活在当下,既是佛语,也是现实用语,同时也是一句时髦语。

先说佛语的活在当下：有人问一个禅师，什么是活在当下？禅师回答，吃饭就是吃饭，睡觉就是睡觉，这就叫活在当下。

再说现实用语的活在当下：不沉醉于过去的荣耀，也不追悔过去的过错；不去盲目地憧憬未来，也不去无故地杞人忧天。

最后说时髦的活在当下：当下的快乐往往都是最简单淳朴的，要拥抱并享受生命中每一个简单的快乐，当今许多人因不在当下而痛苦，所以活在当下才日渐时髦。

现实中，身边常见没能活在当下的人，或眉头紧锁、心事凝重，或左思右盼、精神恍惚，抑或身心不一、执拗妄想。这样就无法专注地体会当下的喜悦。

闲不下来的人也不在当下。他们总是要找一些事儿做，来分散注意力，或者把自己浑身的劲儿一股脑儿地倾注到一个地方。比如《人民的名义》中的高育良书记，当内心不安的时候，就去到自家的菜园子里使劲地刨地。或者把自己弄得"很忙"，连一刻闲暇的时间都没有。或一有空闲就会打电话找人聊天，甚至用脚步匆匆的旅行来掩饰内心的空虚。

有人以为活在当下意味着对未来的不思考、不计划，这是误解。活在当下应是对未来不忧虑，不依赖。

那么如何才能更好地活在当下？

下面是一幅假设的生活场景。

两个人挑着担子在长途跋涉，他们的目标是相同的——将货物运抵目的地，且起点一致，能力相当。一旦目标实现，他们将获得一笔丰厚的收入。

上帝公平地分配了资源。

所不同的是，一个人深信，不用过多惦记，只要方向对、不懈怠，达成目标是迟早的事儿。坦然、从容和自信的心，让他的预期收益所带来的快乐弥漫在整个行程中，乃至弥漫在整个身体中。

即便刮风下雨不能上路，乃至闲暇休息停下来的时候，他的内心也是宁静安乐的，甚至不忘了欣赏沿途的风光。他无须等待快乐，他在享受有目标的生活以及目标带来的快乐。

而另一个人，他也对未来充满了憧憬，同时相信只要到达目的地，就能安享荣华富贵，并以此为激励自己前行的动力。可是对于当下的路途，则毫无快乐可言。不过这点他认了，先苦后甜嘛！

于是他急于尽快结束苦难，到达幸福的彼岸。然而现实是残酷的，并不是每时每刻都会清晰地看到目标的接近。比如刮风下雨的时候，生病就医的时候，闲暇休息的时候，等等。每当这些时候，他的心头就失去了宁静，缺少了停滞的安然，更无心留恋沿途的美景。

将他拖出当下的快乐的，恰恰是对幸福的彼岸、未来的快乐，孜孜不倦地等待。

用佛语讲，他就是"不自在"，心为执著所困，乃至身不由己。**对目标越执着，越用力，反而越担心和忧虑；越想尽快结束苦难，反而苦海无边。**就像你越是在乎比赛成绩，往往会越紧张，反而影响你的发挥；你越想用力地抓住一把沙子，反而抓得越少。

活出真实的自己

以上的活在当下只是普遍意义的活在当下，活在当下的每一天。其实，还有一种活在当下，指的是活在当下的每一秒。

快乐学讲究要活出真实的自己。如果给这种状态一个衡量标准的话，那就是随意截取你生活中的一个片段，就能看出你的全貌，且始终如一。

然而，为了适应社会竞争的需要，有时候人们不得不克制甚至"伪装"自己。但生活中的你，一定还是原本的自己，不能被职业化抹杀。

影视作品中，里面的角色一定是活在当下的，那是演员的塑造，他们要的就是那样的效果，让观众从一个小的片段就觉得，"一点不错，他就是那样的人！"所以对于影视作品乃至文学作品中的人物，我们会有栩栩如生的感觉。

记得早先的电影中，我们一眼就能看出"好人"和"坏人"，那是阶级斗争的需要。现在，绝大部分人都是一个阶级了，所以通常不能一下子就判断出"好人"和"坏人"，甚至"好人"和"坏人"的界限日渐模糊了，只有不同性格

和不同价值观的人。即便是最经典的"坏人",如《还珠格格》里面的容嬷嬷,其实也不是那么坏了,那是她的角色和价值观使然——为了自己的主子和封建礼数。

而在现实生活中,为什么突然就少了那么多戏剧化的和活生生的味道。因为,越来越多的人学会了伪装,学会了表演,变得现实,而不是由着自己的天性做事。甚至压抑久了自己还浑然不知,因为当失去了表里如一的通透,错把伪装的自己当成真实的自己,还怎么能活在那一刻的当下呢?

这也导致,我们越来越难于从一个片段就判断出一个人的性格特点。这到底是优点还是缺点呢?

或许为了成功,这是优点;但是,为了快乐,这就是缺点。

当同学聚会的时候,你注意观察谁最快乐开心。是不是班里的成功者呢?未必,甚至还相反。

《中庸》说道:"天命之谓性,率性之谓道,修道之谓教。道也者,不可须臾离也;可离,非道也。是故君子戒慎乎其所不睹,恐惧乎其所不闻。莫见乎隐,莫显乎微,故君子慎其独也。"我们抛开中间的不谈,看两头的,"率性"和"慎其独也"。率性就是按照自己的本性行事,"慎其独也"就是我们后来所谓的"慎独",即人前人后一个样,也就不需要伪装了。这才是君子,孟子所谓的"表里如一,君子本色"。

在成功学中,需要真实的恰到好处才能成功,甚至不需

要真实；而在快乐学中，越真实越快乐。

《中庸》说："喜怒哀乐之未发，谓之中；发而皆中节，谓之和。"意思是，喜怒哀乐没有表现出来的时候，称为"中"。表现出来以后符合常理，称为"和"。怎么理解"节"和"常理"？你可以理解成，"有助于达成目的"，这是成功学的理解；你也可以理解成，"让自己感觉舒畅自如"，这是快乐学的理解。**即喜怒哀乐都是真实的，这是幸福人生的根基。**

为了快乐，不妨抓住当下每一秒的真实。

其实，能活在当下简单容易，但可贵的是真实、自如、深入地活在当下，不负每一寸时光。

静下心来，充分地运用你的感知，珍惜当下的拥有。环顾四周，只看，不要诠释。看见光，看见造型、颜色和纹理。觉察一事一物那一份宁静的临在，觉察那容存万物滋息的空间。倾听四周的声音，不做批判。找个东西触摸，任何东西，去感觉和认知它的本体。观测你呼吸的韵律，感觉空气的进出，感觉你身体里面的生命能。容许万物"如是"，深入当下。

既来之，则安之。

一次只做一件事情

无论是活在当下的每一天还是每一秒，都难以掩饰活在当下的深沉奥义，在生活中，我们更需要方法论。活在当下的方法论就是——一次只做一件事情。

在《活出真正的自己》一书中,对于快乐活在当下的人,曾经有过形象的描述:

有一个朋友,他个子瘦小,为人谦虚,如果他从你身边走过,可能不会引起你的注意。然而,只要和他攀谈起来,你就会被他深深吸引。有人如果想要知道什么是人格魅力,可以从他身上找到答案。

他的眼睛清澈而深邃,像两泓源头幽深的活力之泉,当他看着你的时候,你会感觉,他的全副心思都聚焦在你的身上,他静静注目于你的一举一动,细心捕捉你所说的每一句话,不会用人云亦云的套话来应付你,总会用原创、新颖而又精辟的话语来发表见解。

你很可能会感觉到,自己第一次被别人如此重视,就像个重要人物,你也可能会感觉到,生活一时蜕去了程序化的麻木的表壳,你通过他触摸到一个原创的、真实的世界,又反过来感受到自己内心的真实。

他并不是只对你如此。当他做什么的时候,他就全副身心地融入其中,对周围保持着密切的觉知,既能把握整个情景,又能细致体察到最微小的环节。他将自己的所有注意力投入到正在进行的活动中,并与活动密切地结合在一起。

活在当下到底应该是什么状态呢?答案就是全心投入当

下的生活。

小和尚问他的师父，你得道之前做什么，师父答挑水砍柴。

小和尚又问，得道之后呢？师父答，挑水砍柴。小和尚问，那得道前和得道后有什么区别呢？师父说，以前挑水的时候想着砍柴，砍柴的时候想着挑水，现在挑水的时候就挑水，砍柴的时候就砍柴。

其实挑水和砍柴是两件事情，现实中肯定只能一件件地做。但是为什么强调"一次只做一件事情呢"？

其实，"一次只做一件事情"，说的既是方法，又是信念。

所谓方法，即挑水的时候别想着砍柴，砍柴的时候别想着挑水。所谓的信念，即用来克服内心的焦虑和恐慌。否则你会误以为某一时刻有多种事情临头，即便分身数个也难以应对，所谓的压力就是这么来的。

当我们静下心来，在一种安宁澄澈的心境中专注于一件事情的时候，其他事情的牵绊就会烟消云散。所有的注意力都集中在当下，我们会发现压力不翼而飞，紧张、焦躁的感觉荡然无存，我们会感到轻松，愉悦。

因专注而动员来的百分百的投入，哪怕是聚焦在一件小事上，也能历练我们的心智。否则，如果只有60分的投入，我们的心智则处于萎缩状态。

一次又一次的专注如一，犹如用绣花针在人生的华袍上

绵绵密密地走线，每一个坚实的针脚，都缝制出无限的喜悦和信心。当喜悦酝酿成生命的背景音乐，当信心一次又一次涨满胸怀，我们会活得踏踏实实，并收获自酿的浓情蜜意。

思考：想一下，对于当下的生活你满意吗？这里注重的可是过程！

一分耕耘，一分收获？

中国父母劝学喜欢用"寒窗苦读""吃得苦中苦，方为人上人"，学习就是无休止的课程和家庭作业，导致孩子从小就可以清楚地将学习和玩耍区别开来，这是一种跟随我们一生的分辨能力。因此，小孩会对读书有心理障碍。

这种障碍后来便迁移到了工作上，导致我们把工作与享乐也区分开来，甚至把工作与痛苦绑在一起。快乐到哪里去了呢？只能全部交给了"等待"。

于是"一分耕耘，一分收获"成了成功学的佳话，励志的鸡汤，它传递了一个假想的信念——耕耘和收获是成正比的。

可事实并非如此！因为耕耘和收获明显不在一个季节。世间常见这样跌宕的剧情：许多人一辈子都在痛苦地耕耘，只为了刹那间的收获，收获世人的敬仰和赞叹。你说这是"幸运"还是"厄运"？"喜剧"还是"悲剧"？

可悲的是，如今我们周遭竟然还充斥着这样的"剧情"，甚至这样的"剧情"竟然被不断地用来作为正能量。在作品中，在荧幕上，甚至在教科书里。

而在快乐学中，耕耘和收获是同步的，且各有各的快乐。

最后，如果要总结一下到底该怎样活在当下，或者检验一个人是否真的活在当下，包括活在当下的程度，标准就三条：自在、真实和专注。是不是安心地、始终如一地，心无旁骛地生活。只有活在当下的人，才配对自己承诺说"一分耕耘，一分收获"。

CHAPTER TWO
偷走你快乐的第二个人：

"浮躁"

按下"浮躁"，沉淀静心之乐

浮躁就是你的心缺少定力，盲目轻易地波动漂浮，见异思迁，不安分守己。

"浮躁"和"等待"有一点相同，即都是面向未来的。"等待"是对未来的期待和依赖，"浮躁"则是对未来的焦虑和恐慌。前者让你寄希望于未来，后者则让你着急跨入未来，但还看不到希望，也不是按照既定的蓝图一步步接近未来，否则就不至于浮躁了。

浮躁者凡事急于求成，创作想一鸣惊人，比赛求一招制胜，经商图一本万利，仕途望一步登天，阅读要一目十行，甚至恋爱也要速战速决。急于求成的浮躁，由于缺乏时间的积淀，不但会动摇事业的根基，让你无法"宁静致远"，还会让你的心志忐不安。

古语说"心静自然凉"，当今的快乐学则认为，心静自然乐。恰如《布袋偈》中的描述："手把青秧插满田，低头便见水中天。心地清净方为道，退步原来是向前。"

心静下来,海阔天空。

平常心

该怎样就怎样,不做无谓的抗争,时刻保持平衡和上进,这就是平常心。**平常心不是知足常乐,不是随遇而安,不是无为无争。而是达观自信、淡定从容。**

刚刚过去的 2016 里约奥运会,给我们留下了哪些深刻的印象?除了不尽如人意的成绩和傅园慧的"洪荒之力",还有最宝贵的三个字——平常心。

正如新华社评论所言,人们对这个用尽"洪荒之力"比赛的姑娘的喜爱,不是因为她得了奖牌,而是缘于她在竞技体育中获得并传递的单纯快乐。

中国人不但已经不再需要用奥运会来跟"东亚病夫"告别,也不再倚重于奥运会来为国争光,也不需利用奥运金牌来刷存在感。这就叫达观自信。

赞赏傅园慧,鼓励孙杨,祝福所有未能站上最高领奖台的运动员。"或笑或哭,莫与唯金牌论挂钩,也莫让金牌无用论蒙蔽了你的眼睛。"新华社一篇评论这样提醒。这叫作淡定从容。

而在所有的评论中,没人提到要知足常乐,也没有随遇而安,更没有无为无争。

现代奥林匹克之父顾拜旦说过,奥运会最重要的不是胜利,而是参与。正如在生活中最重要的事情不是成功,而是奋斗；最本质的事情不是征服，而是奋力拼搏。而平常心最看重的恰恰是过程中的参与、奋斗和拼搏，而非最终的胜利。

不以金牌论英雄，以平常心看奥运，这才是国人应有的心态，这才更体现了中国人的博大胸怀和时代精神。

现实中，平常心很容易被鉴别出来。如果你是做电话销售的，每天的工作就是不停地打电话。假设你每月的收入是6000元，算下来每天的收入大概是200元。如果每天打200通电话，那么算下来每通电话的收入为1元。也就是说，你每打一通电话等于多了1元钱的收入。理解了这一元钱的价值有啥好处呢？即便碰到拒绝的顾客，乃至态度不好的顾客，你也不会灰心，更无须患得患失，因为一块钱到手了呀！这就叫作平常心。有了这份平常心，你才会平和、淡定、自信地打每一通电话。

做销售的经常会这样，当你搞定顾客并达成交易了，也许就兴高采烈；而当没有达成的时候，也许就心灰意冷。更多的情况是，你经常做一些跟销售没有直接关系的工作，比如服务。当你耐心诚挚地为顾客服务的时候，虽然不能直接产生业绩，但本质也是在做销售。还比如培训，当你在参加培训的时候，本质也是在做销售。用平常心你就能看开这些，你会在工作中的每时每刻和点点滴滴中，收获到过程的快乐，而不是单单从最后的结果中。

浮躁的人需要立竿见影的激励和回报，最好能有一个财

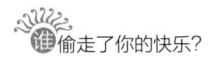偷走了你的快乐？

务人员，就站在他的身边，手里拿着钞票，根据他的工作表现，随时随地给他发工资。这样他的快乐指数一定会大有提高。

有些国家和公司采取周薪制，单从快乐工作的角度来说，是很有道理的，可以将薪资带给工作过程的快乐延伸到更广的时间范围。

谋事在人，成事在天

"谋事在人，成事在天"是最豁然的快乐护身符，你只要把自己的事儿做好了，至于结果如何，就交给上天吧。人在做，天在看，试着相信佛陀教诲的因果报应。

这样，你就会释然，不会患得患失和顾虑重重。

但这不是要你去除功利性，清心寡欲。

当你相信"书中自有黄金屋，书中自有颜如玉"的时候，不是不在乎"黄金屋"和"颜如玉"，而是不必等待，书中自有；不必着急，书中自知。

比如一个出租车司机，每次打车的客人有短途有长途，有好路有孬路，有漂亮的有丑的，有干净的有邋遢的……

这些非但不能挑选和拒绝，还要欣然接受。出租车司机要做的就是规划好自己的路线，注意安全，搞好服务，剩下的至于什么人能搭上车，就是上天的安排了。相信上天是公平的，即便给你安排个不好对付的角儿，也是对你的考验。

如果你不这么想，上天就会惩罚你，让你天天甚至时时生气，想必生意也好不到哪里去。

荀子所谓，"不积跬步无以至千里，不积小流无以成江海"。在"积跬步"和"积小流"的时候，用成功学的视角，心中已然呈现并笃信千里之外的光景和绵绵江海；用快乐学的视角，则是不用担心千里之距的遥远和绵绵江海的浩渺无边，静心漫步即可。

所谓世界观、人生观、价值观，所谓的信念，所体现出来的不仅仅是铮铮铁骨的力量，更是内心宁静安乐的情怀，就如你笃信"谋事在人，成事在天"。

对有些暂时不能解决的问题，想马上解决是人生最大的煎熬，而交给时间和交给上天则是化解问题的至高智慧。

思考：想一下，骚扰你内心的宁静的有哪些事儿？暂时还解决不了？不要紧，慢慢往下看……

发泄

发泄是浮躁的出口，一个人的发泄，是由内心的不平衡所积攒的怨气导致的；一个社会的发泄，却是浮躁时代的产物。

想到发泄一词，不得不提到一个人——咪蒙，一个网络红人和自媒体的弄潮儿，如今兼具"励志女王"和"毒鸡汤女王"的两种标签。

她之所以能迅速爆红，就在于巧妙地抓住了当今社会的

浮躁心理和浮躁表现，并为她所用。

她的作品可谓直来直去，且一贯攻其要害——情绪，而且是情绪中的负面。因为她知道浮躁的心更容易被煽动和进入偏激，更需要快速进入宣泄通道，于是才有了《致low逼》《致贱人》这些文章的土壤。不需要三观的确立和逻辑解析，而且懒得关注这些情绪的累积成因，直接把人分成两部分，开炮，发泄，即可。

她的部分作品成为这个浮躁、浅薄时代最美妙的消费品，满足了垃圾情绪的旺盛需求。成了具有情绪出口功效的鸡汤，不需深度思考就能咽服。

咪蒙还擅长给人帖标签，而浮躁的人恰恰就需要标签。因为一旦给人贴上标签，就省去了思考环节。毕竟消耗时间和精力去了解事实太累。对方已经是"贱人""low逼"了，就不需要正视他们了，泼话语硫酸即可。

喝酒可以发泄，K歌可以发泄，飙车可以发泄，甚至吸毒也可以发泄。而读咪蒙的作品，也是一种发泄，这是她的伟大创造。大量的粉丝集聚，证明了咪蒙的成功，同时也印证了当今社会的浮躁。

然而，发泄固然可以快速把你带入酣畅淋漓的快感中，可是之后呢？只会让你更加空虚，并依赖更高层次的发泄。

就像正常人需要营养食品，浮躁的人则需要辣椒。吃着过瘾，但只能是个调味品，不能提供人体所需的营养，还容易上火。

攀比

中国人的一生似乎都在攀比，孩子从小就被拿来和别人家孩子比较，比较成绩，比较能力，比较奖状，比较考上的是不是名校，然后就是比较工作，比较薪水，比较福利，比较男女朋友，比较吃穿用度。这是一种惯性，可谓攀比贯穿了人生。

无可否认，靠着攀比的激励，可以让你赢得若干人生赛场的胜利和姣好成绩，但同时，你赢得快乐了吗？

攀比者的快乐，并不在于自己有多好，而在于比别人好多少；同样，攀比者的痛苦，也并不在于自己有多差，而在于别人比自己更好。或许，攀比可以给你带来一时的快乐。但可惜的是，攀比的脚步永远不会停滞，而且都是往高处攀，都是处在"别人比自己更好"的比较中。所以，攀比者大多数时候生活在由此带来的痛苦中。

生活累，一半源自生存，另一半源于攀比。攀比是痛苦的根源，"人比人气死人"。那么什么是攀比的根源呢？

其实佛祖心里门清。

人类的感官——眼、耳、鼻、舌、身、意，每天总是不断地向外去攀缘，对于外在的世界虚妄分别，因此产生了许多烦恼。因为有了"分别"，才有了烦恼。怎么修行呢？让妄想、分别、执着逐渐消融，以至于五蕴皆空，心无挂碍。没问题，这当然可以，只是凡人要想达到这一境界太难了。

更关键的是,社会的发展也需要"比",需要向外"攀缘",一定程度的攀比也是难免的,在攀登人生高峰的过程中,谁都不想被别人踩在脚下。

可为什么"比"字前边加一个"攀"字,就不妙了呢?因为"攀"是一种急于到达的浮躁心态,他不想付出持久的努力,或者短暂努力一下。因为他并未看到别人的努力过程,或者认为他要攀比的人也就努力了一下,所以他想一步就达到被攀比对象的状态。

如果是按照自己的蓝图和计划,一步步接近目标,超过被攀比对象的话,这样的攀比倒是值得鼓励。

换句话说,比较不可怕,也是正常的。但如果此时你用浮躁的心去比,那就演变成了攀比。**从别人身上,沉静者比较后看到的是自身的差距,奋起追击;浮躁者比较后看到的是他人的所得,顿生攀比。**

其实看到自身的差距本来是好事儿,可让你奋起直追,假以时日,便可以弥补差距。然而,浮躁者平生最痛恨的四个字就是这个"假以时日",他缺乏这个耐心,故才去攀比。

这就是为什么功利性的社会风气下更容易滋生攀比的道理。

尤其在职场,比是必然的,必要的。何况领导还不时提醒员工去比,这是业绩的需要。但提倡"比"的同时,务必要打压下浮躁的心,否则就容易走向攀比。

励志片

某日，路过一个卖化妆品的门店，见店长正在带领店员做"鸡血晨操"，当然少不了合着火热的音乐节奏。大部分歌词我记不得了，只记得其中几个关键词："加油加油加油……努力努力努力……现金现金现金……刷卡刷卡刷卡……"或许仅就这几句歌词在翻来覆去。

用意十分明显，一切都是为了成交，多么励志的晨操！

当时我就在想：打过这样的鸡血，势必更加浮躁，当跟顾客没有成交的时候，如何给心底的挫败感疗伤呢？还不如强调服务，强调用平常心来做好服务，水到而渠成。

不禁想到了励志片，一定少不了"加油加油加油"的情景，永远让意志拉得如绷紧的橡皮条，一往无前，斗志昂扬。似乎唯有身处弱势之姿，向逆境挑战，然后于逆反胜，方能配得上热血青年的称号。

没有一套励志片会以百炼成钢的意志坚持，换来落败为结局，并描写出失败者如何调整心态以接受失败，或者直接坦然面对失败。

都知道"在哪里跌倒，在哪里站起来"的豪情，然而现实世界中，努力后，甚至继续努力后仍然失败的例子太多了。在哪里跌倒，最后并没有在哪里站起来。**在丛林跌倒了，何不顺势走向另一片草原，并低头承认人的渺小，何尝不是值得歌颂的勇气。**

伦敦奥组委的一位官员，在回答记者提问时说道："体育教会孩子们如何去赢。"这句话很正常，在中国，很多事都能教孩子们如何去赢。但是他的下一句话却格外令人感动："同时，教会孩子们如何体面并且有尊严地输。"

奥运会最好看的可能是刘翔再破四年前纪录，冲过终点的一刻。然而望着"飞人"伤逝的背影，却更加饱含深情和人性启迪。难怪一个美国人拍过一部奥运短片，专门记录跑输了的"失败者"如何自处的画面。

永记，亢龙有悔。

绝不是只有世俗的成功才能带给人快乐，当田朴珺问褚时健先生，"褚老，您最快乐是什么时候？"老先生的答案是："别人认为我最快乐的时候，我并不快乐。任何事情做好了，乐趣就在里面，不管大事小事。"

寂寞

与热闹相伴的，一定还有寂寞。就像白昼与黑夜。

励志作品中常见这样的描述：珍珠只因忍受了蚌贝孕育的寂寞，才拥有了倾城的晶莹光泽；寒梅只因忍受了独立风霜的寂寞，才拥有了傲立枝头的芬芳；蚕蛹只因忍受了作茧自缚的寂寞，才拥有了轻舞飞扬的蝶翅。

难道寂寞只能用来"忍受"，不能用来享受吗？当然可以的，没人阻挡你。前提是你要放下浮躁的心，回归沉静。

《快乐的人，都有温润的趣味》一书中说："**寂寞是最好**

的增值期。人不应该害怕寂寞,而应该害怕浪费了寂寞的时光。寂寞的时候不要问你现在怎么样,你要问问自己未来的你想怎么样。"

就如划破夜空的烟花张扬地绽放,如此明艳动人,但昙花一现之后,留下的却是无尽的黑夜。一切光彩照人的景象背后都隐藏着无尽的寂寞。但正是这黑夜中的寂寞孕育了人间的光彩,也正是日复一日的"枯燥"孕育了事业的辉煌。

面对寂寞,乐观者和悲观者的差距在哪里?其实,乐观者不过就是在你忍受寂寞的时候,拥抱寂寞而已。所以,不要害怕寂寞,不要再挥霍这份稀有。

过程更值得顶礼膜拜,这就是我们享受它,享受寂寞的理由。

《道德经》里有一句话,"致虚极,守静笃,万物并作,吾以观复"。寂寞清净的沙漠孤影,更能感知万物的往复规律和人情冷暖。

周国平在《独处是一种能力》中说:

独处也是一种能力,并非任何人任何时候都可具备的。具备这种能力并不意味着不再感到寂寞,而在于安于寂寞并使之具有生产力。

人在寂寞中有三种状态。一是惶惶不安,茫无头绪,百事无心,一心逃出寂寞。二是渐渐习惯于寂寞,安下心来,建立起生活的条理,用读书、写作或别的事务来驱逐寂寞。

三是使寂寞本身成为一片诗意的土壤,一种创造的契机,诱发出关于存在、生命、自我的深邃思考和体验。

独处是人生中的美好时刻和美好体验,虽有些寂寞,寂寞中却又有一种充实。独处是灵魂生长的必要空间,在独处时,我们从别人和事务中抽身出来,回到了自己。这时候,我们独自面对自己和上帝,开始了与自己的心灵以及与宇宙中的神秘力量的对话。

一切严格意义上的灵魂生活都是在独处时展开的。和别人一起谈古说今,引经据典,那是闲聊和讨论;唯有自己沉浸于古往今来大师们的杰作之时,才会有真正的心灵感悟。和别人一起游山玩水,那只是旅游;唯有自己独自面对苍茫的群山和大海之时,才会真正感受到与大自然的沟通。

浮躁的人会有意躲避寂寞,故意让自己处在忙碌之中。其实,这也是人生的忌讳。在忙忙碌碌中,人们最容易忘却自我,遮掩了生活的本来面目,最终无法活出真正的自己。

现在很多年轻人,在职业生涯规划中,往往不乏挑战未知和新高度的勇气。可是,去做一份看似枯燥乏味,却能一步一个脚印上升的职业,砥砺前行,十年磨一剑,是一种更有深度的挑战。

美国管理学者博恩·崔西说:"任何人只要专注于一个领域,5年可以成为专家,10年可以成为权威,15年就可以成为世界顶尖。"

可是多年专心如一需要耐得住寂寞，那不是浮躁者能够固守的。

思考：你的工作枯燥乏味吗？试着去体察其中日复一日的成长，并记录下来，那或许是你人生中挥舞时间最长的一条彩带，是你绚丽人生的脊梁。

心有多广，财富就有多裕

我每天下午下班路过一公园，通常都是进去逛接近一个小时，然后再回家。这样晚上就不用出来遛弯了，每天我也不用早起锻炼。

这个时间逛公园的人很少，经常偌大的一片公园就只有我一人，于是莫名产生一种公园就是我家后花园的臆想。然而现实中，即便公园不是我的，但此时此刻就是我一人在享用，也是心怡的。

我进一步思寻，这公园建造得花多少钱啊？估摸了一下，起码眼下仅仅容存我一人的一角，得1000万吧，这还不包括日常的管理费。

这上千万的资产，1个小时的时间，就被我"占用"。如果每天都如此，这公园一隅的1/10的时间岂不就是我的。把时间和空间换算，价值1000万的一片公园有我的十分之一，那属于我的就是100万？

即便这片公园当时不仅容我一人，只要不拥挤，便不妨碍我观赏，它就还是我的，其余的游园人都是我的免费陪同。

只不过有些人不太专心,一边"陪同"还一边打电话,忙着谈生意。

嘿嘿,想到这里我不禁满脸泛笑,差点溢出笑声来。

原来所谓的"时间换空间",所谓的"时间就是金钱",可以有这么一层解析。

当下的"共享经济"甚是时髦,既然单车可以共享,公园当然也可以共享了。共享单车我们是需要付出代价的——押金和租金。而公园的共享却是免费的。

有些人,没有时间享用这免费的公园,等于白白损失了这100万。或许他们一年中难得可以抽出两个星期的时间出去旅游,花了3万块;再花50万,搭建一个自己的私家花园。可比起来,也还不如我富裕呢!

能共享的不仅仅是公园啊,还可以是一座塔,一条河,一片原野,一泓清池,一抹晚霞,一轮明月……这样,你的身价就不止1000万了,可能会达到1个亿,你就成亿万富翁了。这还不包括你阅过的稀世珍宝。

既然如此,整天忙着花那么多的心血,赚那么多的钱,值得吗?还不如多给自己留下一些自由的时间,去共享社会的快乐资源。不需你付出任何的代价,只需要一颗安乐宁静的心即可。

尼采说:"每一个不曾起舞的日子,都是对以往生命的辜负。"快乐学则认为:**每一个不曾共享的日子,都是对仁厚世界的辜负。**

人间熙熙不见魂，阴间攘攘不见鬼，何不多给自己灵魂独舞的时刻。不但"心有多大，舞台就有多大"，而且"心有多广，财富就有多裕"。只要你的心足够宽阔，就可以胸怀天下，这就看你要做世界的主人还是过客了。

所以，如果赚钱仅仅是为了最终的数字，就可怜了。

不如也跟笔者一样，时常停下匆忙的脚步，放飞心灵，让你的心去揽据更广阔的快乐资源。

咱不能白白地缴了那么多的税吧？

思考：想一下，你都"揽据"了哪些宝贵的社会资源，供你享乐。

CHAPTER THREE
偷走你快乐的第三个人：

"庸俗"

走出"庸俗",品尝成就之乐

"庸俗"是兄弟姊妹几个当中最不起眼的一个,他是你偷懒时候的好朋友,逃避时候的好伙伴。你如果跟他谈人生,谈理想,甚至谈意义,他会一脸茫然,转身离你而去,而且撂下一句话:"顾好眼前的,何必为虚妄之事劳神费力呢?"

就这样,直至慢慢把你推向随波逐流的小船,让你成为世俗的附庸。

最可悲的人生是这样的——在生活的压力和功利心的裹挟下,所做的事儿并不庸常,然而心却是庸俗的;所做的事儿可圈可点,然而心却平淡无奇。

而可喜的人生是这样的——在对真实自我和生命意义的探寻中,所做的事儿也许平庸,然而心却并不庸俗;所做的事儿平淡无奇,然而心却可圈可点。

物质简单,精神丰厚

也许你听说过不少传家宝的故事,如祖母留下了一个戒指或者手镯一代代传给后人。这些简单的物件，却承载着丰厚的心灵内蕴。

美国科罗拉多州的珍妮妈妈就有一条非常宝贵的连衣裙，这条裙子是她的祖母在 1950 年亲手缝制的。

珍妮的姨妈第一天上幼儿园就是穿的这条裙子。此后的 67 年来，她们家的女孩们第一天上幼儿园，都是穿着这条裙子，作为家里的一个传统。珍妮妈妈是第五个穿这条裙子的女孩，而她的小外甥女则成为第 19 个穿这条裙子的人。

这条黄裙子已经在七个地区旅行，每一代人都只是轻微地修补，至今依然完好无损，后代打算继续传承下去。

简单的一条裙子竟能给她们带来如此丰厚的精神营养，润泽一代代人的心灵。这就是"物质简单，精神丰厚"的生活。

柏拉图曾经告诫人们："如果你有两块面包，你当用其中一块去换一朵水仙花。"庸俗的人更在意面包，而忽视了水仙花。**在追求物质成功的路上，稀罕的是面包；而在追求精神富足和幸福快乐的路上，易被忽视的却是水仙花。**

陈望道在翻译《共产党宣言》的时候，母亲看他翻译得很辛苦，非常心痛，就想给他弄点好吃的东西。陈母设法弄了些糯米给他包了几个粽子，把粽子送到柴屋时，还附上了一碟红糖。随后，母亲在屋外问他，是否还需要加些红糖时，他连连回答说："够甜了，够甜了。"一会儿母亲进来收拾碗碟时，只见他吃了满嘴的墨汁。原来他只顾全神贯注地译作，竟全然不知是沾了墨汁在吃粽子。

后来有人说，那是信仰的味道，不过，那一定是丰厚精神的作用。就像《天仙配》里唱到的：寒窑虽破能避风雨，夫妻恩爱苦也甜。在夫妻双双幸福把家还的时候，绿水青山也能绽笑颜。

庄子说，"鹪鹩巢于深林，不过一枝；偃鼠饮河，不过满腹"。这在提醒我们，鹪鹩在深深的树林里筑巢，林子再大，也不过是占了其中的一根枝条；偃鼠到河里饮水，河再大，也只不过是灌满自己的肚子。

事实上，一个人为维持生存和健康所需要的物品并不多，超乎这些的属于奢侈品，它们固然能提供丰富的物质享受。然而在追求物质享受的同时，反而往往给人的精神带来奴役；拥有许多方便，却并未获得多少精神自由。

物质上简单就意味着可以去除更多的功利性，去除精神生活的枷锁。苏东坡在湖北黄州做官的时候，有一次过江去看一个朋友，途中发现一处很优美的风景，就沉迷在美景之中，直到满意才归，结果错过了朋友的宴会，但他没有丝毫的遗憾，因为他已经"乘兴而来，尽兴而归"了。

而在一个功利性的社会风气下，往往过于强调"你错过了什么机会"，而忽视了"你错过了什么心情"。

李白说："清风朗月不用一钱买。"古人的快乐哲学，主张过一种物质上简单的生活，以便心不为物役，保持精神的

自由，荣辱不惊，闲看庭前花开花落；去留无意，漫随天外云卷云舒。

关于物质与精神，还有一个极端的例子，妓女的生活。

从物质角度，或者从生意角度，对于妓女卖淫无可批驳，可谓"投资小效益高"。至于艾滋病和人身安全的危害，也不是关键的。这个世界上存有危险的职业很多很多，妓女职业的危险性应该不比警察大。

所以，危害在于精神。

首先，妓女生活会让她们彻底丧失骄傲和纯真。

妓女是世上挣钱快但最无价值感的职业，拿身体本身作为工具，这点非常特殊。甚至赌博和盗窃，以及一些经济犯罪，"从业者"也能体会到一些自我价值感。因为其中的风险性和技术含量，或许还值得骄傲一把。

《怦然心动》里有一句话："有的人浅薄，有的人金玉其外败絮其中。可是有一天，你会遇到一个彩虹般绚烂的人，当你遇到这个人之后，其他人都只是浮云而已。"对于很多女孩来说，她们都憧憬着爱情，憧憬未来。多年后，你遇到了这个彩虹版绚烂的人，你能否直视着他，平等地告诉他你的过去呢？不能，因为没有纯真打底，你的腰杆儿怎么会挺直呢？

更可怕的是，由于你的灵魂也在随着肉体被买卖，在失去骄傲与纯真的同时，心灵也开始空虚，变得不再自尊。

最终，你亲手敲碎了自己作为生命的基色的骄傲、纯真和自尊。

精神上的丰厚胜于物质上的富足，因为只有一次的生命是人生最宝贵的财富。金钱终究是身外之物，而精神上的丰厚却让人感到自己是生命的主人，感到自己越来越像自己应该的样子。

正如成功者心中往往有一条主线，比如日复一日的财富积累。快乐者往往也是在把握一条或几条人生的主线。庸者眼里看到的是吃了睡、睡了吃和挣了花、花了挣的过程。而精神丰厚的人，看到的却是自己人生主线的不断延伸——精神不断丰厚，心灵不断纯洁，活得越来越接近真实的自己。

还有一条最朴实的人生主线，值得你用一生的时间去玩味。它就是成就感。

成就感

成就感是指一个人的愿望得以实现后，为此感到自豪和愉快的感觉。

被"庸俗"拉下水的人，自然无法享受鹤立鸡群的建树和尊严。问题是，他们快乐吗？谁也不能否认他们会自得其乐。但是，有一种快乐是与他们无缘的，那就是成就感的快乐。

龙应台写给儿子·安德烈的一段话，极好地点到了成就感跟快乐的关系，她说道："孩子，我要求你读书用功，不是因为我要你跟别人比成绩，而是因为，我希望你将来会拥有

谁偷走了你的快乐？

选择的权利，选择有意义、有时间的工作，而不是被迫谋生。**当你的工作在你心中有意义，你就有成就感。当你的工作给你时间，不剥夺你的生活，你就有尊严。成就感和尊严，给你快乐。"**

英国《太阳报》曾以"什么样的人最快乐"为题，举办了一次有奖征答活动，从应征的八万多封来信中评出了四个最佳答案。

1. 作品刚刚完成，吹着口哨自己欣赏的艺术家。
2. 正在用沙子筑城堡的儿童。
3. 为婴儿洗澡的母亲。
4. 千辛万苦开刀后，终于挽救了危重病人的医生。

网上有这样的解释。

要使自己成为快乐的人，从第一个答案中，我们知道必须工作，有工作，就会使人快乐。第二个答案告诉我们，要学会快乐，必须充满想象，对未来充满希望。第三个答案告诉我们，要学会快乐，一定要心中有爱——那种无私的、不记报酬的爱。第四个答案告诉我们，要学会快乐，一定要有能力，要有助人为乐的技能。只有这样的人，世人才会给他最美妙的报偿，正所谓予人玫瑰手留余香。

偷走你快乐的第三个人:"庸俗"

如果追问一个问题,这四个最佳答案所刻画的共同点是什么?答案只有一个,那就是成就感。不论是艺术家欣然于自己的作品,孩子陶醉于自己搭建的城堡,母亲欣慰于对孩子无私的爱,还是医生欣喜于危重病人的治愈,这些都是自己的成就,而且自己无一例外的都是成就的创造者——主角。

关于成就感,有一个问题:为自己个人和为别人、为社会,得到的成就感一样吗?从快乐角度,没有本质的区别,这是个人三观的不同。

相信和珅对自己的亿万家财也自豪爆棚,成就感满怀。

但也不得不承认,如果你的价值观,顺应历史主流价值观和社会公德,你更容易得到社会的尊重、认可和法律的保护,否则最终可能落到和珅的下场。

你可以认可你的"人不为己,天诛地灭"的价值观,但你往往因此很难化解你跟社会的违和感。所以,还是让你的价值观里多些爱心和奉献的成分,更容易让你在社会大家庭里体验到更多的归属、荣誉和快乐。更何况,爱心和奉献的体验本身就具有更多的快乐属性。

另外,成就感并非用金钱和财富来衡量的。

崂山脚下有个被称为"裸捐富豪"的农民王明殿,十几年来,他已捐出价值百万元以上的钱物,用于修路、植树、帮困济贫、资助沂蒙老区教育,而他一家三口却住在用13平

谁偷走了你的快乐？

方米集装箱改造的简易房里。他经营着4家企业，但个人存款从没超过2万元，因为每当超过2万元，他就取出来捐给那些需要帮助的人。

有人不解他这样做的动力何来，他说："我能让百十口子人有活干，凭自己的劳动挣饭吃，我还能帮助一些身处困境的人，让700多个学生安心读书，我觉得非常伟大，非常有价值，也非常快乐和幸福。"这不，住在13平方米简易房里，拥有2万元存款的人，一样拥有莫大的成就感和快乐。

需要引起注意的是，当今社会所推崇的道德模范，他们的作用不单单是用来温暖人间的，让更多人去模仿和追随才是模范的社会价值体现。所以，道德模范展现给大众的，绝不仅仅是其善良品质和奉献情怀，模范的被尊重感、自我成就感以及所洋溢的快乐感，才是值得追随的最大魅力。这也符合"快乐在道德里"的规律。

一位叫新津春子的中国大妈，父亲是日本人，妈妈是中国人，在日本羽田机场做了23年的保洁员。她用一把拖把和一块抹布，把羽田机场打扫成为全世界最干净的机场。同时，新津春子也获封"日本国宝级匠人"。

她用自己发明的小刷子清理水池的排水口，因为那里清洁困难，怕小孩抵抗力不强，容易生病；她经常蹲在地上，借着亮光观察地板是否有灰尘，再快步走过去，又要注意拖把不会碰到往来如织的行人；她还能熟记80多种清洁剂的用

法，看一眼污渍，就知道哪种清洁剂可以处理得干净却不伤器具表面。

这其中的道理几乎每个人都明白，它重复了那些经典的论调：岗位不分贵贱，做一行爱一行，只有普通的人没有普通的事。

新津春子能干成现在这样，当然是需要敬业精神的，需要毅力和坚持。但有一点也是不可或缺的，即她从中体会到了快乐。

她常说，做这些，不是为了获得别人的赞美，只要有人一进机场，觉得"哇！好舒服"，就足矣。

所以，她的爱劳动、爱洁净背后，源自于她强烈的成就感体验——让顾客感到"好舒服"。也因此，才有了对挑战污渍的兴奋和执着，对本职工作近乎苛刻的认真和追求。

接下来，到底做了什么事情才能符合成就感的标准呢？我们来解析一下西红柿炒鸡蛋吧。

思考：你在工作中取得了那么多的成就，体会到成就感了吗？

西红柿炒鸡蛋

正如成功需要目标，这启发我们，成就感也需要目标，哪怕是非常简单的小目标。甚至"我要学会西红柿炒鸡蛋"也是目标，一旦实现了，就会有成就感。

两个人都会做西红柿炒鸡蛋，为什么有人获得了成就感，

谁偷走了你的快乐？

有人就没有呢？差别在于。

1. 价值。
2. 付出。
3. 自主。

所做的事对你的意义有多大，这就是价值，这里的关键词是"对你的"，所以成就感也叫作自我成就感。如果这件事，不能在你的内心掀起波澜，即便是艰巨的任务和丰功伟绩，对你也不是成就，充其量是成绩而已。比如你参与押解一笔巨款，当安全到达的时候，那是你的成绩，但你未必有任何成就感。

你为之付出的越多，就越有成就感。还是上一个例子，如果你在押解途中遇到歹徒抢劫，被你们成功击溃，并顺利地完成了任务，你或许就有一些成就感了。

着重解释下"自主"。

赌博中哪怕是赢了一块钱，也觉得很有成就感，因为那是自主完成的。还记得你第一次拿到学校奖励时候的兴奋吗？哪怕钱很少，可那是自己独立赢取的，所以才更有成就感。相反，即便在路上捡了100万，也没有任何成就感，因为你没有为之付出，有的仅仅是兴奋感。除非你早已在路上守株待兔了半辈子。

游戏的吸引人之处在于，独立自主性是它的灵魂，因为那是一个脱离现实的虚拟王国。为了更进一步刺激成就感，游戏设计者还专门为玩家准备了诱人的装备，包括制定了严格的等级。

还是回到西红柿炒鸡蛋，第一，你认为它有价值吗？这是动机问题。假如你是为了获取女朋友的芳心，去学习西红柿炒鸡蛋，当然有价值了。第二，为之付出的行动。如果轻易就学会了，没有付出什么，就没有多少成就感。比如，用你本身擅长的精湛厨艺捕获了姑娘的芳心，那么值得庆幸，但并无多少成就感。第三，是你自主完成的吗？往往越是体现出你独立的创意，就越有成就感。

豆瓣网上有多个"西红柿炒鸡蛋"的小组，人气很旺。其中有这么一段。

刚开始吃的西红柿炒鸡蛋很简单，就是油、鸡蛋、西红柿、盐，第一次吃了妈妈炒的西红柿炒鸡蛋，我觉得是我吃过的最美味的菜。

后来吃的西红柿炒鸡蛋就复杂了，也是出于偶然，我把手头的两个青椒顺手切了，又拍了几瓣蒜，炒的过程中觉得似乎还可以加点糖，于是——红、黄、白、绿，一碟色彩搭配和谐、让人一看便有食欲的色香味俱全的西红柿炒鸡蛋诞生了。而且，闻起来绝对是香喷喷的。我还记得给一个朋友做了这样的西红柿炒鸡蛋，她闻了一下，瞪大眼睛，无比惊

 偷走了你的快乐？

讶地说：呀！你还会做这么好吃的菜！然后急不可待地夹了一口吃了，说："比我吃过的所有的西红柿炒鸡蛋都好吃！"

这种炒法一直延续下来，确切地说，从我自己给自己做饭开始，一直都这么做。

可是前天看了小组有人发言说：不要放葱也不要放蒜，把鸡蛋味都给盖住了。于是我不禁开始回味我吃的第一盘西红柿炒鸡蛋。于是今天下午买了一瓶油，只炒了鸡蛋加西红柿，放了盐和糖，炒好盛在盘子里——啊！我的童年！我最初的幸福！又回来啦！

现在，我决定，以后就这么吃，不要再放蒜和辣椒，就这么西红柿鸡蛋地炒着吃，简单而美味。

于是，我又自我升华了一下，回想这二十几快三十年的人生，觉得，就如西红柿炒鸡蛋，最初很简单，后来莫名复杂起来，接着再回归简单时才恍然明白：其实简单的原来也很美。

看！这就是在西红柿炒鸡蛋上的创造和付出以及所带来的意义。

生命的意义

基于一个人的三观会给生命的意义不同的定义。百度上搜索"生命的意义在于"，会看到如下的答案：在于创造和传承，在于奉献，在于更高尚，在于过程，在于承担，在于奋斗，在于自己的追求……

如果综合所有的答案，生命意义的最大公约数是什么？就两个字"活着"，因为这是生命的底线，否则什么都不用干了。所以有人从"活着"两个字引申出了"人生来无意义"的结论。

难怪弗洛伊德认为人一旦思考这些问题，他就开始纠结和患心理病了，那是因为他在哲学中探寻生命的意义。先说明，在快乐学中可没有这么严重，探索生命的意义反而很有意思。

还有很多人讨厌甚至害怕探讨所谓人生的意义，可能因为如季羡林所言："对世界上绝大多数人来说，人生一无意义，二无价值。他们也从来不考虑这样的哲学问题。走运时，手里攥满了钞票，白天两顿美食城，晚上一趟卡拉OK，玩一点小权术，耍一点小聪明，甚至恣睢骄横，飞扬跋扈，昏昏沉沉，浑浑噩噩，等到钻入了骨灰盒，也不明白自己为什么活过一生。"

如果这样的话，岂不是没有意义的人生，就是绝大部分人的正常人生了？其实不是的。季羡林在文末还有所补充："如果人生真有意义与价值的话，其意义与价值就在于对人类发展的承上启下、承先启后的责任感。"

原来，他把人生的意义理解成"对人类发展的责任感"。用的尺子不同，自然度量出不一样的人生。

受所谓主流价值观和教科书的影响,大概很多人也在用这样的一把尺子——单元的价值观,来衡量人生的意义。结论往往都跟季老差不多,符合正态分布的规律,大部分人是"中规中矩"的了无意义的人生。

可芸芸众生,何必都要接受"人类的责任感"的绑架呢?那么重的责任感,想起来都喘不过气来。尽管笔者也希望有人能扛起来,也相信能扛起来的人,生命更有意义,更受人敬仰。但这毕竟是极少数人。

在快乐学中,生命的现实意义更在于体验,既不是用来促进人类解放和发展的,也不是用来创造价值的,而是用来对抗空虚和庸俗的,从而为人们带来更多的精神享受。

所以快乐学里的意义,指的是多元价值观下的意义。演出是意义,看人表演也是意义;给人做饭是意义,享受美食也是意义;写书是意义,读书也是意义。是自己认为的意义,而不是社会所普遍认可的意义。

如果非要在快乐学中,给"意义"下一个定义,它就是:活动之外的享乐,或者叫间接的享乐。

例如,一个人在谈钢琴,手忙脚乱的过程并未带给他任何快乐,然而乐律的流淌让他感到享受;或者更进一步,音乐本身没有带给他快乐,听众的陶醉却带给他丰厚的享受。

总之,快乐学里的意义是用来放大快乐的。

最后,如果非要回答,生命的意义到底在于什么,那只有一个答案——过程，生命的意义在于过程。**因为不论你所追求的一切**——创造、奉献、高尚、承担，哪怕最终你用成果证明了你的意义，你成功了，然而如果过程不是你想要的体验，那你终究还是一个失败者，因为你没有做成你自己内心真正想要的样子，没有活出真实的自己。

至于"想要的体验"是什么样子，不同的人会千差万别。如果有人甘于痛苦，也无可厚非，的确有人追求的不是幸福，而是纯粹和高尚。但这个"甘于痛苦"的"甘"字，是我们普通人一辈子修炼不到的境界，或许是一种革命境界。比如诸葛亮和周恩来，鞠躬尽瘁，死而后已。他们身上所闪耀的快乐就是一个字——"甘"，甘于奉献甚至甘于痛苦的"甘"，所以值得后人仰望和肃然起敬。

每个人都会有其存在的意义，每段人生都会有其目标和追求。**如果一生浑浑噩噩下去，也许从上帝视角，能看到一介小卒在历史洪流中的意义。但你自己若没有感觉到自身的意义，那你的生命就会黯淡无光，你的快乐也会平淡无奇。**

思考：我生命的意义……

使命

设定更有意义的目标，做更有意义的事情，可以获得更大的成就感。**如果你想让自己的生命变得有意义的话，就得去思考一个关键词——使命——如何使用自己的生命，即一个人对自我天生属性的寻找与实现。**同时，使命还是对国家、

对社会、对周围人的一种责任。

被动地完成任务和自觉地去履行自己的使命,所获得的幸福感有天壤之别。**人生最深厚的抱负,不是巨额的财富和至高的地位,而是履行使命;人生最丰硕的回报,不是笼罩在名利的光环下,而是浸润在使命的荣光里。**

俞敏洪曾经做过一篇题为"要为做人的使命感而活着"的演讲,就曾特别强调,因为新东方的未来充满挑战,所以才让他的工作充满着乐趣。他还说:"当你把乱砖碎瓦在心目中变成一座房子的时候,生命的质变就有了。"这里的房子肯定不是现实的房子,但却远远超过现实的房子,它清晰地藏在心中,并发挥着重要的驱使作用,这就是使命的意义所在。如果一个人缺乏使命感,那么他就缺少了做人的内在激情与动力,缺少内生的快乐。

当前,中国梦为什么能成为凝聚中国力量的旗帜,就是因为它承载了中国共产党的使命担当,解决了我党责任感和使命感的精神归因问题。广受热捧的电视剧《人民的名义》,最打动人的正是里面的人物所透露出的强烈的使命感。尤其在与唯利是图者的对比中,越发凸显了使命感的感染力。看后,会激发出人们为了使命而工作的美好情愫和向往。

作为个体,首先要认可团队的使命,用团队的使命统领个人的使命感。

如果你是部队的一名战士,你的使命肯定就是保家卫国,甚至不惜牺牲生命；如果你是国家公务员，立足本职为人民服务就是你的使命；如果你是一名医生或护士，你的使命就是救死扶伤。

当一名医生，慢慢将救死扶伤内化成使命的时候，每天迎着朝阳上班之前，他在心中告诉自己："救死扶伤，走起！"将这份价值和荣光内化于心，升华为生命的意义，这其实就是对自己巨大的褒奖。

最后，借用一段经典的人生采访来结束本节。

记者来到一所正在建筑的大教堂，对现场忙碌的敲石工人进行访问。他问遇到的第一位工人："请问你在做什么？"

工人没好气地回答："在做什么你没看到吗？我正在用这个重得要命的铁锤，来敲碎这些该死的石头。而这些石头又特别硬，害得我的手酸麻不已，这真不是人干的工作。"

他又找到第二位工人："请问你在做什么？"

第二位工人无奈地答道："为了每天 200 美元的工资，我才会做这件工作，若不是为了一家人的温饱，谁愿意干这份敲石头的粗活。"

他问第三位工人："请问你在做什么？"

第三位工人眼光中闪烁着喜悦的神采："我正参与兴建这座雄伟华丽的大教堂。落成之后，这里可以容纳许多人来礼拜。虽然敲石头的工作并不轻松，但当我想到，将来会有

无数的人来到这儿,再次接受上帝的爱,心中便常为这份工作献上感恩。"

同样的工作,同样的环境,却有如此截然不同的感受。

第一种工人,工作中受到的几乎是牢狱之灾,职场与监狱无异。

第二种工人,为了工作而工作,心底的快乐少得可怜。

以上两种人都没有彻底地脱离庸俗。

第三种工人,在为传播爱的使命而工作,并充分享受着工作的乐趣和荣耀。他已经彻底告别了庸俗。

可见,一个人走出庸俗,不在于事业的飞黄腾达,而在于内心的风光霁月。所以,从自私的角度讲,使命是用来放大你的喜悦的。

在撰写本书的时候,每每想到可以通过本书影响千千万万人,让读者变得更快乐幸福,使命感也是油然而生,内心特别满足。

思考:如何使用自己的生命?那里蕴含着人生最大的成就感。作为世上独一无二的你,准备为社会奉献点什么?或者改变点什么?

里程碑

我的好友数量达到了 1000 个,我的成交顾客数量达到了 200 个,我已经接生了 100 名婴儿,我已经安全驾驶了 6 年,从我手里出去的产品可以环绕地球一周……这些都是你的成就感符号。只要你去设定这样的符号，然后去发现和感知，体味和享受，成就感就会跃然而出并时常伴随在你的时间长河中。

这一系列的符号，就是人生的里程碑。

心理学家曾经做过一个实验：组织三组人，让他们分别步行到十公里外的三个村庄。

第一组人既不知道村庄的名字，也不知道具体的路程，他们被告知跟着向导走就行了。刚走出两三公里，就开始有人叫苦；走到一半时，有人几乎愤怒了，他们抱怨为什么要走这么远，何时才能走到，有人甚至坐到路边再也不愿走了。越往后，他们的情绪越低落，最后到达目的地的人寥寥无几。

第二组人知道村庄的名字和具体的路程，但路边没有里程碑，他们只能凭经验来估计自己走过的距离。当走到全程一半时，大家觉得有点累；走到全程的四分之三时，大家的情绪已很低落，觉得疲惫不堪，而路程似乎还很长；直到最后有人说"快到了，快到了!"，大家才又振作起来，继续向前。

第三组人不仅知道村庄的名字和路程，而且公路旁每一公里就有一块里程碑。人们边走边看里程碑，每缩短一公里大家便有一小阵的快乐。行进中，他们用歌声和笑声来消除疲惫，情绪一直很高涨，所以很快就到达了目的地。

三组人,面对的是相同的路程,可他们的行进体验却大相径庭,这种巨大的差别是因何形成的呢?目标吗?他们都要到村庄去;工具吗?他们都在步行;距离吗?都是一样的十公里。决定性的因素就是里程碑。正因为缺乏里程碑,第一组人叫苦、愤怒、抱怨,因为犹如在黑暗中前行;而第三组人,则接受到了里程碑的照耀,洋溢出了歌声和笑声。

我们的一生也要找到独属于自己的里程碑,除了一开始列举的符号,还可以是一份自己详细拟定的人生规划,也可以是优异者的成绩册,还可以是心中仰慕的师长的成长历程……有了人生里程碑作参照,我们就能清楚地看出自己人生的每一点进步和起色,不断地收获成就感,从而更有信心、更有动力、更有乐趣地走向终点。

思考:你找到人生中的里程碑了吗?

爱

成功学也讲爱,但通常作为一种动力——为了爱,所以加倍努力,以回报值得你爱的人。

典型的场景一般这样:为了回报母亲那渴望的眼神,为了逃避"子欲养而亲不待"的遗憾,为了不辜负团队的集体荣誉,而去进取。

而在快乐学里,爱的释放本身就是幸福的默默流淌,就是最纯粹的快乐。

爱会消弭你很多的痛苦,就像你迎着严寒,用你的身躯为你的小女友遮挡风雨，她开心了，你也开心，因为你爱她。

从快乐学的角度，人人皆自私，都是为了自己的快乐。

把钱放在家里不花，让它烂掉，别人的钱就相对增值了，这是对人类最无私的奉献，可这个世界上几乎没人能做到如此高尚。即便善良的人，也在用自己的钱买快乐，买安心，买成就感，捐助就是典型的做法。所以，爱也是自私的，但只要你的行为不自私就好。

因而，学会爱，也是为了你自己。追逐爱的行为，也非庸者所为，那或许也是奇葩。

尤其是当代的年轻人，90后乃至00后，他们去除了善良的铠甲和责任的重担后，却更愿意享受爱的过程，享受其中的崇高和纯洁。

年轻人更有爱心，因为他们是浸润在爱中长大的。

2017年9月23日晚，江苏卫视大型文化情感节目《阅读·阅美》中，相声演员孙越推荐的文章《母子重逢的那一刻》，揭露了泰国大象旅游业背后的黑暗真相，为了满足游客的需要而不惜残暴地驯服大象的无情事实，呼吁人们不要做这种暴行的"帮凶"。

其中提到，泰国很难把骑大象根治掉，原因是每年去泰国的中国游客越来越多。

节目播出后，文章作者"超"和他拍摄的纪录片《黑象》成为网友关注的焦点。

还像个孩子的"超"说："每改变一个人，就是在悄悄

改变世界。道路崎岖,但我们在正确的路上迈进。"

嘉宾马薇薇说:"他并没有豪情万丈,而是快乐的。他在探寻兴趣、爱好和意义的过程中,顺便改变了世界。"

最后"超"说:"正能量也可以很潮,很酷!"

年轻人,接受爱,奉献爱,习惯爱,好好在爱中享受快乐吧!爱,不仅仅是用来高尚的;爱,也可以是用来自私的。

CHAPTER FOUR
偷走你快乐的第四个人:

"势利"

超越"势利",走向成长之乐

"势利"和"庸俗"是双胞胎。"庸俗"太过常俗,"势利"太过现实;"庸俗"在乎眼前之所安所惯,"势利"在乎眼前之所见所得。

"势利"是个十足的势利眼,他的座右铭是"眼见为实"。今天你添了新衣服,他羡慕你;明天你出去旅游了,他嫉妒你;当然,如果你受到了皮肉之苦,他也同情你,甚至为你擦拭眼泪。

不过你若问他:"什么叫作'留得青山在,不怕没柴烧'",他说:"狗屁,青山有啥用,不如金山银山!"你跟"势利"讲"学而时习之,不亦说乎",他一脸茫然。

对别人势利有点品德问题,而对自己势利则是智慧问题。你一旦被"势利"蛊惑,则"见物不见人",对自己本人的发展和成长视而不见,从而堵塞了成长中的快乐。

成长之乐

人生是一个不断充电和放电的过程,不但有放电中的耕耘和收获,那是对外的;还有充电,对内的耕耘和收获,即自我的成长。自我的成长不用依赖外界的评价,靠内心的感受;不用担心失去,它是可以延续的。

一个人的能力和素质需要成长,情感也需要成长。

20世纪60年代前后的人,他们基本是在知识饥渴的氛围中接受教育。而到了如今,身处知识爆炸的旋涡中,以及受到应试教育的影响,在一定程度上,接受教育成为了一种任务和负担,从而大大地弱化了人们成长感的快乐。因为成长和教育密不可分,教育是成长最好的推进剂。

如孔子所言,"学而时习之,不亦乐乎?"学习和成长的过程本应该是快乐的,就像物质可以带给我们快乐,娱乐可以带给我们快乐,成功可以带给我们快乐。只不过成长感的快乐不太外显和直观,故经常被忽视和压抑。

比如,刚开始滑雪,除了新鲜感,初学者的快感主要来自于成长,滑雪中历练的体能、技巧、应变能力乃至意志力。驾轻就熟之后,也许征服感、成就感和优越感就慢慢占了上风。

小静刚刚进入公司没几天,恰逢同事结婚喝喜酒。说心里话,她跟公司同事并不熟悉,也不太喜欢应酬,喜宴本身并没有带给她多少快乐。然而，她在这次喜宴中最大的收获是：认识了更多的同事和朋友，历练了自己的交际能力，并进一步了解了公司。也就是这些收获让她体验到了自己的成长感，并成为喜宴中的一枚快乐公主。当然了，一个快乐的同事，是更受到大家喜欢的。

同样，很多喜欢应酬的人，也许并非天生喜欢，而是从喜欢成长的收获开始喜欢应酬的。

这类似于心理学中的"移情"效应，一份情绪情感会转移到与之相关的地方，爱屋及乌：从喜欢健康到喜欢运动，从喜欢美食到喜欢厨艺，从喜欢漂亮到喜欢打扮，从喜欢聊天到喜欢打字，从喜欢旅游到喜欢摄影……如此，你可以喜欢上很多你原本没有感觉甚至讨厌的事情。

而如果你重视并喜欢上了成长，不但能在运动的时候，展现厨艺的时候，以及梳妆打扮的时候收获快乐。更重要的是，你能在原本枯燥乏味的工作中收获快乐，因为它对你而言多了一项益处——让你获得成长。

工作中成长

想在工作中体验到更多的快乐，一个最好的办法，就是去研究它。当你以研究的状态投入工作时，不但倦怠感没了，周而复始的劳作和单调平凡的工作从此会变得意趣盎然，乃至进入到"在工作中成长，在成长中快乐"的境界。

根据英国华威大学安德鲁·奥斯瓦尔多教授的研究，随

着年龄的增长，人一生中的幸福感水平呈现出"U"字型曲线，即童年和老年幸福感最强。这好像也印证了幸福感的"中年危机"的存在。当然，造成危机的原因有很多，比如孩子长大、婚姻疲惫、经济压力等。但有一个不能忽视，那就是职业发展达到平稳期，再也看不到和体会不到自己的快速成长。所以，所谓的"中年危机"，其核心危机其实是"成长感危机"。

而提倡终生学习，它的意义就不仅仅是为了工作和事业，也是为了破解"成长感危机"和"中年危机"。

人的成长有三个维度，分别是知识、技能和人格。知识分为事实性知识、概念性知识、程序性知识和反省认识知识，技能分为记忆、理解、运用、分析、评价和创造。可以说，从小到大一路伴随你的教育就是围绕以上内容的。

尤其是人格的完善和修炼不能被忽视，它是一项基础和漫长的成长。学会自爱和自信是成长，更有耐心也是成长，变得快乐也是成长。**当你善于"内观"自己的时候，你会注意到自己的变化和成长。**

人格完善需要一个人在认识自己的基础上，对自我的成长有明确的规划和目标。可惜，能从人格完善中获得快乐的人少之又少，包括曾子"吾日三省吾身"的时候，也没有反省自己是否错过了当下的快乐，尤其是反省之乐。可见，来自人格完善的快乐是一种比较高的境界。

安于贫穷和平凡,但还乐在坚守自己的信念,谓之"安贫乐道"。何种信念?或许就是"成长就是快乐的","留得青山在,不愁没柴烧"。

如果你觉得人格的概念太空泛而不易把握,那么就关注于你的习惯。不断纠正不良习惯,养成好习惯的过程,就是你的人格成长过程的主线。因为性格就是一系列习惯的综合,人格的范围比性格稍微广一点而已。

在写工作总结的时候,建议你,或者要求你的员工,务必加上一段个人成长的总结。这样逼着内观自己的成长,增加成长的收获感。或者给自己一个要求:**每周或每个月写一篇个人成长日记**。当你把数年的成长日记串联在一起的时候,你一定会越来越喜欢和佩服自己,也会更容易把握人生的方向。

坚持这样做了,你会自然而然地进入"工作学习化"的状态,把工作的过程当作学习的过程,并享受到其中取之不尽的动力和乐趣。就能够保持平静的心态,不用把干好工作当作向组织提要求的筹码,而觉得这是分内之事,是提高自身素质的需要,而高素质是任何金钱都买不来的。

父母的引导也至关重要。

网上盛传这样一位智慧的父亲,他对女儿的教育方式比较独特,从来没有辅导过女儿做功课什么的,就是每天回来

偷走了你的快乐？

跟女儿聊十分钟，只聊四个问题，就完成了他的家庭教育。

1. 学校有什么好事发生吗？
2. 今天你有什么好的表现？
3. 今天有什么好收获吗？
4. 有什么需要爸爸帮助吗？

注意琢磨他在给孩子引导什么？分别是：快乐、自爱和成长感，果然这个智慧父亲棒棒哒！

思考：分析下你的成长历程，知识、技能和人格，哪些方面你正在成长呢？收获到其中的快乐了吗？

成长感与不良习惯的纠正

成长感还是我们纠正不良习惯的重要动力。

举一个纠正坐姿的例子，正确的坐姿应该是腰背挺直、头肩端正，不能弯腰含胸、手托下巴。但就身体的直接反应，心理学所谓的"本我"，肯定是后者比较舒服。尤其让一个习惯于一种坐姿的人重新调整回来，身体的别扭肯定没的说。而人的本性是逃避痛苦和追求快乐的，所以即便这样简单的习惯，许多人一辈子都无法纠正。

要过这一关，必须要重新调整痛苦和快乐的神经连接，寻找正确坐姿在别扭感觉中的快乐。

此时，如果没有外界的激励，那就只有成长的快乐。虽然身体别扭和不舒服，但是当感到自己在改变、在成长的时候，内心洋溢出来的快乐感就会战胜身体的痛苦感，从而下定决心去调整自己的坐姿。

现实中我们也看到，能主动审视和改变自己不良习惯的人，多是那些特别关注自己成长的人。而得过且过者，怎么可能有心来关注自己的成长和习惯呢！

思考：原来改变习惯就是在成长，想想自己在这方面还有哪些提升空间？

全民娱乐化

娱乐是让你快速进入快乐的通道，可谓立竿见影的快乐，同时可谓"势利"的快乐。

而娱乐精神是一种生活和审美品位，或者说是一种化腐朽为神奇的能力，无论身处何境，都能自娱自乐或者让别人欢乐。

如今，娱乐在媒体和市场化的推波助澜下，把我们推入了全民娱乐和网红经济时代。然而，相应的文化品质和娱乐精神却没有跟上，我们的娱乐缺少文化的浸染和精神的升华。

习近平同志在北京文艺工作座谈会上的讲话中告诫我们，**"低俗不是通俗，欲望不代表希望，单纯感官娱乐不等于精神快乐。"**

电视节目可以大体分为新闻类、教育类以及娱乐类，不

单单娱乐类节目能带给观众快乐，其余的新闻类和教育类节目也照样能带来快乐。倒不是仅仅因为其中也有娱乐的成分，而是能从中收获个人的成长。新闻的乐趣未必来自新闻事件本身的趣味性，还可能是新闻事件的借鉴性或启发性带给人们的收获。

然而电视节目的日趋泛娱乐化，其降低的不仅只是受众的欣赏品位，后果更严重的是，它们给受众所展现的价值取向，对热点话题的评判以及对世界的描述，从某种程度上影响并重新构架了受众原本的价值判断与世界观。

这在尼尔·波兹曼的《娱乐至死》一书中被概括为"娱乐导致精神世界的消亡和空虚""人们也许会由于享乐而失去自由，我们将毁于我们热爱的东西。"

而让我们免于这种毁灭的，**不仅需要娱乐的寓教于乐的内容，更需要自我的"寓'乐'于'教'"的修养，后者的"乐"即来自于成长感的快乐。**

与他人建立良好关系

虽然情绪是主观的，但我们所处的人文环境和人际关系却是客观的，我们恐怕都难以企及四大皆空的境界，所以不得不在乎别人的表达，别人的眼光，别人的逆顺。

针对"什么会使我们保持健康快乐"，哈佛大学从 1938 年开始，持续 70 多年，追踪记录了 724 人从少年到老年的工作、生活和健康状况。最后得出的结论是：好的人际关系可以使人更快乐和健康。

该项研究的负责专家罗伯特说:"年轻时,人们相信名誉、财富和成就是他们过上好生活所需要追逐的。但我们的研究发现,过得最好的人是那些依赖于家庭、朋友、团体间人际关系的人。"

看来快乐关乎他人,我们的快乐格局也需要放大,不能太过势利。如果想让自己更快乐,就要想想,如何跟你周围的人和谐愉快共处。

以下是一些基本的建议。

1. 己所不欲,勿施于人

交往最基本的准则就是你如何对待别人,别人将来也可能会如何对待你。

如果你和蔼又乐于助人,他们往往对你和善,也更乐于帮助你。如果你为人苛刻,那么你也很可能会得到相同的待遇。不要等待其他人改变或是迈出第一步,不要犯这样的错误。相反,你应该主动,为你想要的人际关系积极迈出第一步。希望自己被如何对待,照那样去对待他人。

2. 真诚地聆听

每个人都希望自己能被理解。因此,当你倾听的时候,不要只是等着轮到你说话,也不要一半心思投入谈话,一半心思放在其他事情或是今晚的计划上。

帮助你成为一个更尽职的倾听者的两个要素是:

①全神贯注。将所有的感官都集中到正在你面前发生的

事情上。仔细倾听对方的声音、语调，以及眼睛中传达出来的情绪，肢体语言。也许你还是会错过一些细节，但是忘记你自己和你的烦心事一段时间，这表明你开始投入并领会对方想要表达的意思。

②告诉自己，过一会儿你要把这段对话讲给别人。这样你就会对谈话的内容更加敏感，也会记忆更牢。另外，这也会自然而然地激发你的好奇心，你往往会为了理解地更清楚而提出一些问题。

3. 自信的果断

你要果断，开口要你想要的，对你生活中不想要的东西说不。这种果断来自于你的自信心。你坚信自己的价值，并追求这些你想要的，因为你相信这些东西是你自然而然应得的。然后你开始拒绝与自己不匹配的事情或行为，不论是来自自身还是其他人的。这会让别人更加尊重你，建立起更加健康和快乐的人际关系。当你的自尊心提升时，你开始觉得你的人生值得更加美好。

你要注重清晰的沟通，而不是试图揣测别人的心思，也不要期望别人能够猜对你的心思。他们没有义务用某种魔法的手段了解你需要什么，而你却有责任表达你想要或是需要什么，就像其他人一样。

4. 记得赠送小礼物及表达善意

在平日忙碌又充满压力的生活中，人们很容易忘记为了表达善意而赠送一些小礼物。但是这样的小礼物很有意义，它们真的很重要，时刻扮演着"敲门砖""润滑剂"和"增稠剂"的作用。

为了生活中的某件事，对某个人表达真诚的赞美或是感激，这仅仅会花费你 1 分钟或是 30 秒，而可能会令他一整天甚至一整个星期的心情都愉悦起来。

大量社交媒体及工具的出现，更为你的表达提供了捷径，微博、微信及社交网站，你都可以轻松方便地信手拈来，可评，可赞，可建议，可鼓励。

5. 降低对周围人的要求标准

对伴侣、朋友和同事拥有完美主义的标准，可能会引发很多原本可以避免的分歧。随着时间的推移，这甚至会导致一段关系的终结。

人们会偶尔糊涂犯错误，他们不可能总是每天都做得很好，或者总是处于最好的状态。

为除苦厄，佛家让你进入看不到别人缺点的境界，也许你现在还远远没有达到。但你相信，这是你努力的方向。你不但要严于律己，还要宽以待人。

CHAPTER FIVE
偷走你快乐的第五个人:

"自卑"

抛弃"自卑",进入自爱之乐

  自卑,影响着一个人的成功自不必说,它还影响了你的快乐。

  首先,自卑者把前途看得一片灰暗,失去了信念的支撑。在给果树浇水、施肥和打药的时候,他不相信春华秋实,于是黯淡了心中的喜悦。

  其次,长期被自卑情绪笼罩的人,一方面感到自己处处不如人,另一方面害怕别人瞧不起和怀疑自己。于是便学会了取悦于人,并敏感多疑和多愁善感。

  还有,自信、自爱和自尊通常是紧密联系在一起的,它们统称为"自我价值",这也是人格的基础,是每一个人建立快乐的人生本钱。而自卑破坏的恰恰就是"自我价值",比如,一个人因为自卑而失去自爱,于是天天守着一个讨厌的自己,肯定快乐不到哪里去。

东西方差异

关于教育有种理念是:唤醒孩子的自信心是教育的根本目标。对于自信心的教育,相较于西方,我们在这方面是有些不足的。中国的父母对孩子的基本教育方针,是保护、灌输和训导,过于关注孩子的冷暖饥饱和考试成绩。

举一个很有代表性的例子,在美国,很多孩子喜欢玩滑板游戏。在街道两旁,在广场上,常常有美国孩子冲来撞去,从几尺高的台阶上跃下,令人不禁为他们的安全捏把汗。但在这些玩滑板的孩子中,中国的很少。

在西方社会中,对很多人而言,自信,而不是地位或者社会成就,是一个人得到尊敬的首要条件,而自爱——对自己天生条件的全面肯定,又是一个人自信的首要条件。所以,美国人几乎从不说自己丑。在美国,当你谦虚地或者实事求是地说出"我很丑"这句话的时候,会令很多人大惑不解。相反,还可能经常听到有人说"我很漂亮"。

不光是在长相上,而且在能力上,美国人也讲究肯定自己。比如在美国课堂上老师从不会公开每个人的成绩单,就是一种保护每个人的自信的方式。

难怪王朔在送女儿去美国读书时,给出的理由是保护女儿的自信心和自尊心。

他说:"她是念到中考的时候,我说你不要参加中考了,你要考过去你就是傻子,你要考不过去,你自信心会受到很

大打击。所以我送她去了美国念书。"

王朔对于养育女儿的态度，颇为洒脱，甚至任性，他最看重的是女儿的内在是否强大、是否快乐，至于外在的成绩、成功，反而并不在乎。

王朔有多在意女儿的内在，还有另一句广为流传的金句：煲汤比写诗重要，自己的手艺比男人重要，头发、胸、腰和屁股比脸蛋重要，内心强大到混蛋比什么都重要。

思考：列举一下你现在所"耕耘"的种子，以及将来你会收获什么？（如果用造句的形式，就是我现在每天/经常……我相信将来一定会……）慢慢的坚定这一信念，并体验其中弥漫的幸福感。如果你没有这样的种子，不妨继续往下阅读。

做自己喜欢的人

如果拿自信和自爱做比较，自信更仰仗气势，自爱更倚重心灵；自信更外显，自爱更内秀；成功学更侧重前者，快乐学更侧重后者。

只有自爱的人，才能真正活成自己想要的样子。比如徐静蕾，她不但是多才多艺的导演和演员，还兼有书法家、冻卵、不婚、抽烟喝酒打麻将等这些小的标签。特立独行，活出自我，是她留给我们的最深印象。

她在微博上说："为什么我们要被教育做一个讨人喜欢的姑娘，而不是一个被自己喜欢的人？"

谁偷走了你的快乐？

以下是一则腾讯娱乐的报道：

由徐静蕾执导，白百何、黄立行、明道领衔主演的动作警匪电影《绑架者》取消了传统形式的电影发布会，徐静蕾凑齐三位主创打了一上午麻将，并将其拍摄成一部画风清奇又充满正能量的MV供大家一笑，网友看后直呼"老徐霸气，这种另类的传播比发布会好看多了。"

在网上曝光的打麻将MV中，真实展现了四位主创来到发布会现场却发现空无一人的尴尬场景，虽然只是逗人一乐，但徐静蕾也想通过这支MV向所有人传达一种态度：人生总有低谷，让我们一笑而过。同时《绑架者》电影官方微博也表示"发布会的形式不止一种，就像生活不止一种打开方式。"

这事做的倒真挺有徐静蕾的风格，随性，略带自恋，不按套路出牌。

而外在风格是由内在性格决定的。一个不爱自己的人，肯定会谨慎包装自己，不会这样展露真实的自我；一个没有自信，仰人鼻息的人，不敢这样随性恣意的发挥。

我们真的该好好学学如何自爱。爱自己，爱自己的一切：聪明也好，迟钝也好，长得"入流"也好，长得一般也好。悦纳不完美的自己就是真正的自爱。**只有一个真正懂得珍惜自己的人，才可能活出自我，活得幸福美好。**

卓别林有一首诗,《当我开始爱自己》,其中尤其提到自爱与自信的关系。

当我真正开始爱自己,
我才认识到,所有的痛苦和情感的折磨,
都只是提醒我:活着,不要违背自己的本心。
今天我明白了,这叫作
『真实』。
当我真正开始爱自己,
我才懂得,把自己的愿望强加于人,
是多么的无礼,就算我知道,时机并不成熟,
那人也还没有做好准备,
就算那个人就是我自己,
今天我明白了,这叫作
『尊重』。
当我开始爱自己,
我不再渴求不同的人生,
我知道任何发生在我身边的事情,
都是对我成长的邀请。
如今,我称之为
『成熟』。
当我开始真正爱自己,
我才明白,我其实一直都在正确的时间,

正确的地方，发生的一切都恰如其分。

由此我得以平静。

今天我明白了，这叫作

『自信』。

只有真正爱上你自己，你才能得到有质感的快乐。不在于世界让你高兴，而在于你选择了高兴。

人活着，不要违背自己的本心。很多人选择了为别人而活，远离了自己的坦荡。往往活到临死，还不知道尊重自己是什么感觉。

张爱玲说：

"我才不要活给别人看，我只活给自己看。"

"我才不要一味迎合别人，做个称职的老婆、称职的妈妈、称职的女儿、称职的朋友、称职的同事，我只想做称职的我。"

"我用不着全世界来爱我，我爱我自己就行了。"

所以即便别人眼里的孤独和悲惨，都无法阻挡她按自己的方式过了一生。她离家出走后，先嫁"大汉奸"，再嫁"糟老头"。这些世俗眼里的不幸，并没有阻挡她享受爱情。低入尘埃，但却从心底开出花来。这一切，都是因为她太爱自己。

自爱的修炼

早在童年时代,我们的父母亲就该把自爱作为孩子的人格培养方向,但那时他们自己也没有学会,因而爱莫能助。所以我们大多在成年时才不得不领悟到,有人更需要我们的关注和爱,这人就是我们自己。

如果你还没有学会爱别人,不妨先从爱自己开始;如果你只会讨好和善待别人,那么从今天开始,待己如人。

1. 迎合自己

在你身上,别人只会看到什么是他喜欢的,什么是他不喜欢的。如果你不是别人希望或想象中的样子,别人往往就会认为你品行不端,认为你有毛病,认为你不值得爱,或是企图改变你,这样难免会导致愚昧和偏见。

不要傻傻地以为,只要去迎合别人的期望,你就是一个好人,就会讨得别人的欢心。如亦舒所言:"真正有气质的淑女,从不炫耀她所拥有的一切,她不告诉人她读过什么书,去过什么地方,有多少件衣裳,买过什么珠宝,因为她并没有自卑感。"

你越是迎合别人,别人越是瞧不起。从今天,你要开始迎合自己!只要你认为自己是对的,就要坚持自己,不为谁改变。

不论你举止如何,不论你外表如何,不论你身体好还是不好,不论你生于哪种家庭,不论你做什么工作,不论你做出什么样的成绩,不论你拥有什么……要知道,你不一定要有什么表现,做出什么成绩或干出什么名堂,才值得爱。

不妨站在一面镜子面前,看着镜子里的你,把你想象成另一个人,去重新"认识"他/她。

2. 找到自己的闪光点

诚实地面对自己,不封闭自己,向自己敞开,坦然地跟自己对话,说出自己受感动的东西,说出自己觉得重要的东西,它就是你的闪光点。不管别人是否在乎,你自己在乎即可,这是按照自己的而不是别人的价值观来评判的。

3. 引爆闪光点

找到自己的闪光点后,就要让它大放异彩。比如你的闪光点是聪明,有知识,有思想,那么,就要努力培养自己的优点。这就是你的快乐之道,快乐是什么?快乐就是进步,今天知道的知识比昨天多,你就安心了。所以看书和学习,对你而言就是治疗自卑的最好方法。

总之要变成自己喜欢的人,你才会快乐。当你有一件最擅长的事儿,且乐在其中,有这个打底,你就再也无须迎合别人的愚昧和偏见,那些讽刺和挑剔也就根本不值一提。

特别强调的是,这里的闪光点可不是成功学意义的闪光点,不是成功的阶梯,它甚至未必实用,更不必高大上。只要能够得到你自己的欣赏,哪怕是你的口哨吹得好。

自爱是以内心有意识地学习为基础,其目标是不断地充实自己,不断地悦纳自己,不断地超越自己。

自爱不但之于自信，它还是自尊、自律乃至自立、自强的基础。自爱绝对不是与生俱来的，它需要后天的培养。能力对每个人都不是问题，不过需要一个较长的学习过程，需要时刻保持对自己的关注。

思考：从今天开始，如何重新认识自己，找到自己的闪光点并引爆它。

自责的偏见

乍一看好像自责是对自爱，甚至自尊、自信的暴击，可事实恰恰相反，这是对自责的偏见。

一个自责者这样描述自己："我是个特别容易自责的人。自己犯了一点小错，就会自责半天，回想起来还要再自责一次。总是在自责中折磨自己。比如，高中的时候向异性表白被拒，虽然时隔多年大家早已忘记。但我每每回想起来，还是懊恼半天，总怪自己当初为什么不委婉一点。"

回顾人生路，很多人不能从历史的阴霾中挣扎出来，那是因为不能原谅自己，对自己走过的"弯路"耿耿于怀。

注意，这里的弯路并不是错路。人生的起点和终点是唯一的，由生到死。一旦走错了路，预示你已经提前到达终点，也就再无所谓"错"了。**所以只要你还活着，就说明你并没有走错路。从上帝的视角，人生没有错路，只有弯路。因为通向天国的路，怎么能叫作"错路"呢？**

成功学是专门研究如何避开弯路，走直路的。而在快乐

学里，从不惧怕弯路。**漫漫人生，往往越是弯路越是风光无限，就像我们欣赏大自然的九曲十八弯。因而你根本没有走错，只是拐了几个有意思的弯而已。**也许恰恰是在弯路上，你才看到了人生不一样的光景，或者经受了不一样的洗礼。

反之，如果你从生到死一路直行的话，多没劲啊！

所以，人生最大的误会是：实际的路皆为弯路，但大多数人以为剩下的路都是直路，于是就看不惯已经走过的弯路。

根源在于时间节点，它所区分的过去的路和将来的路。

有句话很有道理，叫"功夫在诗外"，我们不妨换个话题，说说时间。

有事随境迁和心随境迁一说，更有时过境迁和与时俱进一论。一如春夏秋冬的轮回，春有百花秋有月，夏有凉风冬有雪，此一时彼一时。世界的错落有致，看得见的是秩序，看不见的是时间。很多人只懂得珍惜时间，却不懂得尊重时间。

而自责，就是你拿当下的完美去衡量过往的残缺，而忘了"此一时彼一时"的铁律。

彼时，你认为自己贪图小利，是因为那个时候，"小利"就是你的生活水准；彼时，你认为自己抱残守缺，是因为，"残"和"缺"当时就是你的完美；彼时，你认为自己鲁莽妄为，草率逆行，是因为，"妄为"与"逆行"当时就是你年轻的符号；彼时，你认为自己固执己见，不听劝告，是因为，他人劝告你的时候不对，光内容对没用；彼时，你一怒为红颜，是因为，"红颜"当时牵走了你的魂魄，身体只能跟随其后，别无选择。尽管依你现在的眼光看来，对小利不屑，对残缺不耻，对鲁莽不谅，对他言不疑，对红颜不惑。可那个时候的你，"他"有跟你一样的信念和清高，乃至有跟你现在一样的苛责。只是那个时间"他"的眼界和标准与现在不同，还有就是"他"的环境也不同，你为什么非得跟那个时候的"他"过不去呢?

有的自责是因为良心发现，发现了自己想当初的"犯浑"，你认为自己没有良心，所以至今还一直受到良心和道德的谴责。其实，不是当时的你没有良心，而是因为你的良心恰好被蒙蔽了。

对于一开始那位自责者，高中时期求爱之所以缺少委婉，是因为青涩的率直就是那个年代所赋予他的符号。自责是他如今走向成熟的标志。如果还没有自责的话，岂不成了一辈子的傻直男了。

所以与其这样自责，责怪从前的你。还不如"责怪"，不，不叫"责怪"了，该叫"勉励"，还不如勉励现在的你："你之所以责怪自己，是因为你进步了，你的眼界和标准不一样了！"想到这里，你会更加爱自己，甚至更加自信！

所以，凡是自责的人，都应该为自己的进步和成熟，或者良心发现，而感到庆幸。所谓的弯路是你现在眼里的弯路，其实在当时那个时候，却是你的必经之路，因为当时在你的

偷走了你的快乐？

眼里是直路。

　　读完以下这首叫作《人生五章》的小诗，也许会让你重新思考和看待你曾经走过的弯路——那是必经之路。

　　1.

　　我走上街，人行道上有一个深洞，我掉了下去。

　　我迷失了……我绝望了。

　　这不是我的错，费了好大的劲才爬出来。

　　2.

　　我走上同一条街，人行道上有一个深洞，我假装没看到，还是掉了进去。

　　我不能相信我居然会掉在同样的地方。

　　但这不是我的错，还是花了很长的时间才爬出来。

　　3.

　　我走上同一条街，人行道上有一个深洞，我看到它在那儿，但还是掉了进去……这是一种习气。

　　我的眼睛张开着，我知道我在那儿。

　　这是我的错，我立刻爬了出来。

　　4.

　　我走上同一条街，人行道上有一个深洞，

　　我绕道而过。

　　5.

　　我走上另一条街

——《西藏生死书》

从"这不是我的错"到"这不是我的错"到"这是我的错"到"我绕道而过"到"我走上另一条街",这就是人生的必经之路。

你可以为你所走过的直路乃至捷径而感到庆幸,但这绝不能成为你对未来心存侥幸的资本。

思考:大大方方、坦坦荡荡地给自己来个自责,感觉如何?

自嘲

看透自己的缺点之后,依然爱自己,也是一种英雄主义;在这基础上的自嘲,便是一种生活哲学。

试想,当国人调侃"中国式过马路"的时候,意味着大家对此并不太在乎,甚至觉得无伤大雅,更无自卑之感。但是,恐怕没有人来调侃"中国式割地赔款",牵扯到民族尊严和自信了。所以,自嘲的基础是自信。

作为一个一米五多的女人,咪蒙丝毫不避讳自己个子不高的事实,第一篇爆红的文章——《我,一个矮子的史诗》,便充满戏谑地拿自己开涮,"上学的时候擦黑板,够不着黑板上面;去图书馆,够不着上层的书;去超市,够不着最上面的东西"。有她的才华垫底,才敢于向自己的身高挑战。

正如黄渤所说,"自信没有那么重要,学会自嘲是一个很重要的本领。自嘲是自信的进阶段表现。"他是演技出众、

从不靠脸吃饭的演员,也从不在乎对方拿他的外形去调侃。当别人说他丑时,他经常笑着自嘲"其实我长着一张抗抑郁的脸,我最帅的一般都是背影。"别人便会意一笑,不再为难了。

不过,自嘲必须得有自信支撑。对于自己真正介意的弱点,换言之,也就是自己不自信的地方,就不要自揭伤疤了。

比如,相对于你的同事,你十分介意自己家境贫寒,等于在这方面你是有些自卑的。某一天,同事说街边新开了一家西餐厅,晚上一块去尝尝,你自我解嘲到:"哎呀我就不去了,我这种穿着打扮的进去,人家再误会我是来要饭的。"同事们都应和着哈哈大笑,但没有注意到你眼神里的躲闪。

你急切地想通过这种方式,让自己显得幽默大方,真诚不隐瞒,并试图掩饰你的自惭形秽,结果只能会欲盖弥彰。倒不如坦率地回避,随便找个借口应付掉即可,没必要用自身的缺点去取悦别人。

CHAPTER SIX
偷走你快乐的第六个人：

"知足"

无法"知足",那是平衡之乐

知足是"盗窃快乐家族"十姊妹中影响力最大的,也是最虚伪的,隐蔽最深的,他总是以朋友的身份出现在你的身旁。他以"快乐达人"自居,号称自己掌握了快乐的秘诀——知足常乐。他会反复告诫人们,快乐很简单啊,只要你知足就 OK 了!

这位大师说的话,被很多人奉为圭臬。于是他们想通过"知足"来保持"常乐",还有更多的人在劝别人如此。

但有一个特别值得深思的问题,有"知足常乐"之说,为什么没有"知足常成功"之说呢?**按说知足也是能成功的,因为成功是相对于自己的目标,如果把成功的目标定的足够低,其实人人都可以很容易地成功。**所以就成功的本质而言,知足就能成功,即便是通过阿 Q 精神成功的。而为什么与此相反,"不知足"反而成了成功的良药?倒是很多成功者,都被贴上了"不知足"的标签。

这很耐人寻味,不能通过"知足"的方式成功,却可以

通过"知足"的方式常乐,其实暗示了一种论断:成功需要付出辛劳和汗水,所谓的努力;而快乐呢?只要知足就够了。成功是复杂的,而快乐是简单的;成功是高大上的,而快乐则是卑微的;成功值得跟别人炫耀,而快乐只值得自己知足!

所以,用知足的方法去来追求快乐,是对快乐的极大亵渎。把本来同成功同样重要,甚至更加重要的人生追求和标准,一下子拉到了成功的附属品的位置。

人生而不知足

有时候,还来不及知足就不快乐了。领导说:"今晚加班!"马上就变得不快乐。其实知足常乐的道理很简单,加班一小时总比三小时强,更总比下岗强,可为什么就是不知足而常乐呢?

至于个中原委,现在仍然是世界性的未解之谜,大概像癌症一样顽固吧。生生地让一个人知足,不是表面的知足,恐怕不比治疗癌症的难度低多少。反而,随着科技的日新月异,人类迈向更高、更快、更远、更便捷的步伐越发坚定匆忙:地球上高铁在不断延伸;在地球外,人类甚至要做月球和火星的常客。这一切像一副巨大的轮子,一副根本停不下来的历史车轮。这背后最原始的动力是什么?是人类不知足的天性。

古人所云的"知止而后有定,定而后能静,静而后能安,安而后能虑,虑而后能得","知止"一通之后最终还不

是为了"得"吗？既然如此，说明内心还是不知足的，因为只有不知足的人才考虑如何得到更多。

不知足的基因早已浸透在人的生命中，你根本无法逃脱。就像每个人对生命长度的渴望与生俱来，让你无法坦然接受死亡。人怕的不是睡过去，而是永远醒不来，因为还想继续欣赏生命旅途的风景，哪怕早已黯淡无光。难道这不是人类最典型的不知足吗？

除非你相信有来世，你才可以坦然面对生命的终结。可转念一想，当你相信六道轮回，寄希望于来世，甚至为之吃斋念佛的时候，不就是为了远离地狱接近天堂吗？可见你也并不知足啊。

网上有一个流传甚广的《富翁与渔夫的故事》。

一位富翁到海岛旅游度假，他散步在沙滩上，泡在海水里，享受着碧海蓝天，惬意无比。

忽见一渔夫，躺在小船上晒太阳。

富翁问：大好时光，你为何不出海多打些渔？

渔夫说：打那么多干什么？

富翁说：可以多赚钱。

渔夫问：那又如何？

富翁说：买大船，把你的渔业生意做强做大，还可以投资房地产，成为富翁，就可以像我一样度假，享受着阳光，

海风啊。

渔夫说:瞧!我不是正在享受着阳光,海风吗?

富翁无语。

这故事是在取笑谁呢?

如果世间只有阳光和海风,或者阳光和海风就是最幸福的生活,那这个富翁就可笑之极了——何必舍近求远呢?

可如果世上不仅仅有阳光和海风,还有美味佳肴,还有人情冷暖,还有家庭和社会责任。那渔夫就不仅仅可笑,甚至可怜了。

每个人追求更加美好生活的过程,不仅体现在物质的极大满足,还包括精神的丰盈和自由焕发,更有对于家庭和社会的责任与担当,怎能用一个"知足"就去抹煞这种追求。

对着本性不知足的人叫嚷"知足常乐",就好比对着青春萌动的青年谈无欲则刚。倒不如直截了当地承认,人就是不知足的。

有个大家公认的词,叫"适可而止"。当我们认可在合适的时候要减速和刹车的时候,就意味着承认了,我们是在向前行进的途中;当认可应该在合适的时候知足的时候,就意味着我们承认了,人生就是在不知足的路上前行。

难道只有停下来才快乐,不知足地前行就不快乐吗?不是的,只要你的心态是平衡的。

知足与平衡

人既然生而不知足,可"知足"的市场为什么那么大呢?我们周围还有那么多人把知足挂在嘴上,包括你自己。

你要警惕,当你自己或者听到别人说出"知足"两个字的时候,你要掂量一下,你或者他表达的根本不是"满足",而是平衡——付出和收获的平衡。

笔者曾经在机关工作,所以对周围的很多人知足于自己的铁饭碗毫不奇怪,甚至经常溢于言表。然而我有一个最"知足"的同事,却为了10元钱的交通补贴而争执的面红耳赤,你觉得他知足吗?所以,那些喊着对自己的工资知足的人,其实本质上表达的并非"知足",而是平衡——与自己以及周围人的付出和回报的平衡。这样的"知足常乐",其本质应该是"平衡常乐"。少发了10元钱,不是不知足了,而是不平衡了。

有了这样的平衡心态,丝毫不妨碍你的进取,多付出然后多回报,那是新的平衡,人生的螺旋式上升就是这样实现的。

假设一个生活场景。同事有人升职加薪了,老婆回家攀比,你该如何面对?总得给老婆和自己一个合理的交代吧,不能简单说:"知足常乐嘛,比上不足比下有余。"这样恐怕不但老婆不满意,"知足个头啊!"也不是你所满意的答案。

换了笔者,我会这么应对。

谁偷走了你的快乐?

方案一:"老婆,看来我的努力还不够,你放心好了,我会更加努力,争取超过他!"老婆说:"老公,我相信你,么么哒!"难道这样的场景不是一种幸福吗?

方案二:"老婆,人各有志,各有所长嘛。虽然收入方面我比不上他,但是,其他方面咱一定可以超过他啊,我们比谁的享乐更多……"引来老婆会心一笑。难道这样的场景不幸福吗?

跟平衡相比,知足常乐显得多么消极和呆板。人生玩得永远是一种平衡,而非知足。这样理解,就不会让"知足"和"不知足"把你折腾晕了,也不会陷入虚假、短暂而又可怜的知足。

就好像你去商场买东西的时候讨价还价,你说:"太贵了!"导购如果说:"知足吧,已经够便宜了,昨天更贵呢!"你会知足常乐吗?可能气得脸都青了。聪明的导购会说:"先生,的确是贵了点,但是我们的产品质量……"这叫平衡的艺术。

从爬行到直立行走,人类完成了一个重要的进化。专家研究显示,为了"站起来",我们的祖先可以说是"不惜代价",以至今天我们还不得不为此埋单,饱尝足痛膝伤之苦,忍受背痛的折磨,还要应付孕妇分娩时的险象环生。这就是一种平衡,简单地叫作补偿也行。

只不过到了现代,人类改造自然的能力太强,速度太快了,导致人类的进化速度远远跟不上。假以时日,人类的鼻子也许会进化得百毒不侵，当然得保证那个时候人类还没有灭绝。

思考：追求知足和追求平衡，内心的感觉有何区别？

稀缺的平衡

心态很容易受到社会环境的影响，越是处于浮躁、变革和抗争的环境中，越容易失去心理的平衡。极端的情况，战火中，更少有平衡可谈，心中充盈的是对胜利的渴望和对失败的恐惧。

浮躁导致的急功近利，浮躁导致的攀比，加之处于快速发展的变革时代，搅乱了人们心底的平衡和宁静。所以当我们看到大量眼高手低和发泄抱怨的人，也就不足为奇了。

说说抗争，这是我们中华民族的精神基因之一。

在"万物神授"的社会环境中，人们更容易达到平衡。但中国人恰恰是地球上最不信神的民族，也是最现实的民族，从而也是最难以平衡的民族。

中国人更少信仰神和佛陀，转而更信仰人类自身的力量。在中国的传统文化中，突出的不是神的护佑，而是人类的自强不息和不断的抗争。

每个国家都有太阳神的传说，在部落时代，太阳神有着绝对的权威，而在中国人的神话里却有夸父追日和后羿射日的故事。

面对末日洪水，西方人在诺亚方舟里躲避，但在中国人

的神话里,是大禹治水,与灾难斗争。

老子的"天地不仁,以万物为刍狗",说的就是要生存就得靠自己,不能靠苍天。这比"神爱世人"听起来残酷,但非常现实。

如今,中国的GDP增速远远领先于全球速度,抛开政治和经济因素不说,中华民族勇于抗争、不服输的民族精神和信仰功不可没。在中华人民共和国国歌,即《义勇军进行曲》中,"起来"和"前进"是其中的主题内容,难怪"勤劳"能成为中华民族的重要美德。

美国国家统计局发布了一组数据,中国的劳动总量和劳动参与率都是世界第一。其实,中国的人口数和印度的人口数差不多,但中国的劳动力是印度的1.7倍。中国人口是美国的4.2倍,但劳动力是美国的5倍。中国的周末和节假日都是商场促销的旺季,或者因一股脑儿旅游而形成的人山人海景观,而根本不是真正闲下来的时机。

总之,我们中国人更崇尚"用双手改变世界"的抗争和超越理念。而在这抗争的过程中,依然保持心态的平衡,难度更大,也更弥足珍贵。

平衡的艺术

经常有人讲如何"想开"和"放下",可是,当你还没有找到平衡的时候,是没那么容易想开和放下的。

以婚姻中的出轨为例,面对丈夫或妻子的出轨,有几个能够想开的？

但如果你心态平衡了，也就容易想开了。

夫妻二人本来走在一条线上，共同奔向"白头偕老"的目标。中间，一人出轨了，意味着偏离了"正确"的方向，失去了平衡。夜晚，本应该回自己的家，结果去了小三家……

此时，如果妻子浑然不觉，还以为丈夫很爱自己，这其实是一种新的平衡，幸福的平衡。丈夫的身体在奔向小三家的同时，心依旧全部，或者起码一部分留给了妻子，否则妻子不会感到平衡和幸福。

可是后来不幸的是，妻子知道了，并捉奸在床，平衡被"打破"。

引号的意思是否定，并非实际的打破。其实在妻子捉奸在床之前，事态本来是平衡的，按道理说之前的幸福都不应该因为捉奸在床而发生改变。换言之，直接导致不幸福的不是丈夫的变化，而是妻子的改变。变得不信任，变得不冷静，变得不能接受——之前平衡的天平瞬间倾斜。

这就类似于，你本来不知道自己是养子，后来知道了，于是便陷入了心理的不平衡，觉得自己委屈。

所以，微妙之处来了，接下来妻子的选择，不是寻求平衡，而是在打破平衡。

例如，妻子选择了财产或者一个纯粹的自己，代价就是离婚；妻子选择了复仇，代价就是她也随之坠入深渊；妻子

谁偷走了你的快乐？

选择了忍气吞声，代价就是她无奈地压缩了自己的幸福空间，从此变成了一个怨妇。

可不可以继续维持之前的平衡？当然可以，于是妻子选择了宽容，以及个人的成长和改变，或者承担了自己"捉奸在床"的代价。妻子从中懂得了自身价值的重要性，转而提升自己，包括自己的宽恕。然后，重新定义自己的幸福，调整到了新的平衡状态。

说到这里，当你发现你朋友的另一半已经出轨的时候，面对他们此时幸福的平衡，你该做些什么？考验智慧和你的平衡能力的时候到了。

注意，重点在于"选择"两个字，你人生中每次的选择是在保持平衡还是打破平衡，当你明了于心的时候，自然就容易放下和解脱。

还是回到上例中，假设是丈夫主动提出离婚，就像《我的前半生》里面的陈俊生，主动提出跟罗子君离婚，任凭罗子君怎么退让都不行。

这个时候该如何找到平衡呢？从剧中看，罗子君当时并未找到平衡，后来她的成就感才让她慢慢平衡了婚姻中的失败。

的确，被抛弃是最难平衡的，因为自己全是被动，被动的失败者。

这是"无辜感"的代价，后面有一章专门讲"无辜"。因为你认为自己是无辜的，所以你就得承受无辜感的代价。

不论通过何种途径，哪怕相信因果报应，除非你认识到这是你的责任，或者这是你要承担的代价，你才会平衡，才会心安。

如果非让笔者劝慰下罗子君的话，除了"有得必有失"，"退一步海阔天空"，以及"留得青山在，不愁没柴烧"之类的话。我恐怕要告诉她：婚姻本身就是一个错误，里面充满了各种不幸，而你却一路幸运，你在享受这份幸运的时候没有居安思危，只是错把侥幸当必然，最终只能自尝苦果。之前是不平衡的，现在才是真正的平衡，没有什么可委屈的。恭喜你有了一个新的稳固的生活起点，因为平衡了，才能稳定。所以，莫怪陈俊生，也别恨凌玲，甚至要感激他们所给予你的这个新平台、新起点。

我想后来贺涵带着罗子君参观陈俊生的职场，讲述职场的残酷和压力，也是意在证明陈俊生出轨的必然，减低罗子君的无辜感。

快乐的秘诀，就是在不平衡的大千世界，找到属于自己的心理平衡。

感性的烦恼

不要有感性的烦恼，是稻盛和夫的"六项精进"之一，他说："因为我自己年轻时有过各种各样的烦恼，所以才会觉得这一条也很重要。"

文中的核心内容为：

 偷走了你的快乐?

对于已经过去的事情,要进行深刻反省。但不要在感情及感性的层面上反复纠结,增加心理负担。应该理性地思考各种问题,迅速把自己的注意力转移到新思维和新行动中去。

我们常常会因为工作上的失败而担心忧虑,可即便再怎么担心忧虑,失败已是既成事实,不可能推倒重来。脑子里明明知道悔恨和烦恼是无济于事的,可还是忍不住反复想:"如果当时那个环节顺利的话……"于是心头的愁云就这样挥之不去。

面对失败所导致的感性的烦恼,他是怎么解决问题的呢?稻盛和夫说出了自己的一个亲身经历。

京瓷公司(由稻盛和夫创办)由于生产制造精制陶瓷材质的人工膝关节而遭到媒体的"围攻",使得京瓷公司在媒体连日的口诛笔伐下,成了一家"以病人为诱饵,大发横财"的企业,公司的整体形象大幅受损。

我本人一次次地去厚生省说明情况和检讨道歉。而各媒体每次都会在场,架着一排排摄像机,拍我低头道歉的样子,在电视上连续播放了几天。这让我羞于面对自己的家人、公司的同事和街坊邻居。我的信用和名誉遭受了巨大的损害。

当时我坐立不安,内心非常痛苦。为了寻求慰藉和帮助,我去拜访了西片担雪禅师。见到禅师后,我一边喝着他泡的抹茶,一边向他诉苦。

在听完了我的倾诉后,他说:"稻盛君,你之所以能感受到这样的烦恼和痛苦,正是因为你活着。人如果死了,那么就连烦恼和痛苦都感受不到了。你的烦恼和痛苦,正是你活着的证明,难道不是件好事吗?"

确实,人既然活着,那势必要承受烦恼和痛苦。我所尊敬的禅师既然都这么说了,那就应该是这么个道理吧。但禅师或许是从我的表情察觉到了我的心境——在我的内心深处,并没有完全释怀。于是他又对我说:

"稻盛君,我不知道你过去犯了怎样的罪孽,但一个人积累的业障,会以灾难的形式在我们所能感知的主观世界显现。你之所以会倒霉,是因为你在过去所犯的罪孽,也就是业障所造成的结果。而随着灾难的发生,相应的业障也就抵消了。"

"如果你遭遇的灾难夺走了你的性命,那么你的今生也就落下帷幕了。可看看你自己,稻盛君,你身体健康,精神抖擞,京瓷公司也依然是一家欣欣向荣的优秀企业。虽然由于人工膝关节的问题,大家对你及你们公司的批判甚嚣尘上,使你烦恼痛苦,感觉无地自容。但这种程度的灾难就把你过去的罪孽抵消了,稻盛君,你应该煮红小豆饭(红小豆饭是指把煮过的红小豆连豆带汤拌在糯米里蒸制而成,一般有喜庆事儿的时候,日本人才会吃红小豆饭。——译者注)、摆酒宴庆祝才对啊。"

起初,我对禅师的这番话难以接受——我是如此地烦恼痛苦,可他却说出这么"没心没肺"的话,但在回到家后,

偷走了你的快乐？

我幡然顿悟,感觉自己获得了救赎。如果说这种程度的灾难就能抵消我的罪孽,那么我甘愿承受世人对我的这种非难。当我觉悟到"这是为了洗净自身灵魂污垢而必需的忏悔"的一瞬间,我顿时感到身心开朗,海阔天空。

我们要有这样的认识——自己遭遇的灾难,是自己过去所犯的罪孽、所造的业障所结出的"业果"。如果自己所遭遇的并非危及生命的灾难,那么反而应该庆贺。要以这样的思维方式斩断烦恼忧愁的枷锁,忘记过去的失败,并充满活力、满怀希望地迈向新的人生之路。如果想度过美好的人生,那么必须做到这点。

最后,是禅意让他找到了心理的平衡——业障与业果的平衡,而得以解脱。

这是信佛给人们带来的最重大的现实意义之一。

其实,佛教对于死亡的演绎也是一种平衡术,即生与死的平衡。如果没有对六道轮回的恐惧和希冀,面对如何生的问题,人们就很难平衡。当明了怎样的生前对应怎样的死后之后,人们就可以在平衡中寻求心安。

原来佛教就是门平衡的艺术。而感性的烦恼的存在,说明人们此刻还没有找到平衡。

苏格拉底 VS 老子

一群年轻人到处寻找快乐,可是却到处碰壁,反而遇到了许多忧愁、烦恼和痛苦。他们向老师苏格拉底寻求关于快乐的答案。

"老师,请您告诉我们,快乐到底在哪里?"

苏格拉底对这些年轻人说:"你们先把关于快乐的问题放一放,先帮我造一条船吧。"

于是这些年轻人把寻找快乐的事情先放在一边,和苏格拉底一起造起独木舟来了。他们同心协力锯倒了一棵大树,把树剖成两半,挖空了树心,很快就造成了一条独木舟。

独木舟下水了,大家把苏格拉底请到船上,一起荡起双桨,一边齐声唱歌。苏格拉底问:"孩子们,你们现在觉得快乐吗?"

学生们齐声回答:"我们现在觉得快乐极了!"

苏格拉底说:"快乐就是这样。它往往在你为着一个目标努力时,就突然地到来了。"

如果将这个故事中的老师由苏格拉底换成老子,你觉得他老人家会如何支招呢?

也许会是这样的。

"老师,请您告诉我们,快乐到底在哪里?"

老子遂向官府举报这些人惹是生非,然后官府把求教的所有人等关进监牢。

老子前去监狱探问:"你们现在快乐吗?"

众人连忙回答道:"求求您了,赶紧把我们放出去吧!"

第二天,当众人重获自由的时候,老子前问:"你们现

谁偷走了你的快乐?

在快乐吗?"

众人答:"好快乐,原来快乐如此简单!"

老子偷笑到:"祸莫大於不知足,咎莫大於欲得,故知足之足,常足矣。"

前后两种快乐,反映了两种幸福观,哪种是你愿意接受和追求的快乐?

看得出,幸福观是人生观的基石,不同的人生观会导致不同的追求,从而最终导致不同的行为。**知足一定会抹煞你继续前行的动力,但不知足却未必导致不快乐,相反,它还是快乐的源泉。**

笔者在写本书的时候,因为不知足而数易其稿,却依然乐在其中,因为我也在为着一个目标而努力前行。

弃盾舞双剑

一个有责任担当的人更不会认可知足常乐,焦裕禄之于兰考人民,不会知足常乐;我想习近平同志对于中国人民,也不会知足常乐。

在 1984 年,时任正定县委书记的习近平曾发表文章《让姜世谭们"弃盾舞双剑"》,文章中说:"试想,一个人凡事都'不出心裁''老是知足',他还能有所作为吗?要改革,要前进,唯有像姜世谭那样,锐意进取,敢走前人未走过的路。必须看到,'知足常乐'的哲学严重阻碍着我们民族的振兴。姜世谭精神的可贵之处首先就表现在这'老不知足'上。"

你大可放心，因为不知足而去努力乃至拼搏是没错的，只要你的心态是平衡的——你的付出换来了应有的收获。

快乐算收获吗？当然算。

人生是平衡的艺术探讨，而非知足的故步自封。不要让"知足常乐"羁绊了你的脚步，让你不知所从。因为不知足，所以我们才去发掘更多的快乐。

淡泊

提起"淡泊"一词，会让人马上联想到诸葛亮的"淡泊明志，宁静致远"，"淡泊"也常常跟知足两个字相提并论。如今，各色朋友圈"论语"中会经常见到淡泊和知足的影子。

明明还没有奋起直追过，却在安慰自己"我不需要你勇敢，我只要你幸福"；明明还没有看过世界，就已经懂得"人生最曼妙的风景，是内心的淡定与从容"；明明还不具有自主性，却高喊着"我的青春我做主"；明明没有多少朋友，还在死撑着说"孤独是我人生的底色"。

明明是在慵懒地逃避现实，却非要给自己贴上高尚的标签。

与之类似的还有，本该严谨治学、历练能力和提升自信的大学时光，很多同学却用来风花雪月、追逐流行、尝尽人生百态。

更有甚者，还没有基本的人格修养，就开始谈修行；还没有读万卷书，就开始行万里路；还没有入世，就开始奢谈出世。

凡此种种，都打着价值观多元化的幌子在朋友圈招摇过市。这不仅是"吃不到葡萄说葡萄酸"，也是基本价值观的异化和扭曲。

"淡泊"是要有资本的，它虽然不是成功人士的专利，但起码是尽到一定社会责任并达成一定成就后的大智慧者，才有资格谈。他们不为功名利碌所累，急流勇退，那才叫作"淡泊"。

淡泊名利绝不是不思进取的借口，一个上有老下有小的世俗人以"淡泊"为人生境界，这是对生活责任的一种逃避。

淡泊名利也不是非要跑到深山里，"采菊东篱下，悠然见南山"，而是面对花花绿绿的世界却能"出污泥而不染"。

哪有生而知足者？既然已经知足的话，连生都是多余的。

在该奋斗的时候，如果你压抑自己"不知足"的欲望而逃避。那么，到了收获的季节，面对干瘪的果实，你所品尝到的到底是"知足"还是"无奈"呢？

在恋爱的年纪谈场轰轰烈烈的恋爱，在奋斗的年纪拼他个昏天黑地，在该歇息的时候休养生息，方才不负美好的韶光。至于快乐嘛，它就弥漫在你前行的途中。偶尔的驻足是休养生息，长久的驻足是逃避，永远的驻足是隐退。

CHAPTER SEVEN
偷走你快乐的第七个人：

"如意"

识破"如意",迎接挑战之乐

在所有的姊妹当中,"如意"承诺最多,却屡屡食言。他教会了所有的人说"万事如意",可事实怎样呢?

"讨厌(不如意),怎么又堵车了!"

"讨厌(不如意),考试又没过!"

"讨厌(不如意),又说话不算话!"

……

如果你相信了"万事如意",悲剧就开始了。

"如意"的泡沫

世界上最伟大的真理是什么?答案是——人生苦难重重。生活中遇到问题,这本身就是一种痛苦,解决它们,还会遇到新的困难和痛苦。它的伟大,在于我们一旦想通了它,就能实现人生的超越,再也不会对人生的苦难耿耿于怀。

然而,大部分人却不愿正视并接受它,似乎觉得人生本该既舒适又顺遂。如意应该是快乐的前提——这是世界上最

大的谎言。

快乐被如意绑架是非常错误的。他们不是怨天尤人,就是感怀自己生而不幸。他们总是哀叹无数麻烦、压力、困难与其为伴,他们认为自己是世界上最不幸的人,命运偏偏让他们吃苦受罪,而别的人却安然无恙,活得自由而又幸福。

事实上,"人生之不如意十之八九",我们碰到的不如意的事情远比如意的事情多,所谓的"万事如意"应该叫"万难如意"更准确。

每天睁开眼的一刹那也许就是不如意,因为是闹钟闹醒的。起床后的洗漱也是多余的,每个人内心的自我是讨厌这套洗漱的,可是没办法,要满足卫生的需要、面子的需要、工作的需要等。至于吃饭,也很难保证都是自己喜欢吃的,甚至自己喜欢吃的偏偏不能吃,担心肥胖!上班途中,想想路上熙熙攘攘的车辆和行人,还有一连串的红绿灯,也不会让你如意的。

有时候我们希望这样的幸福:如果我能够从我的生活中逃离,去一个非常安静的海边,盖个小房子,自己一个人,永远在那里打瞌睡,那该多如意啊!

可是,即便你已经有了这样的一所小房子,也未必如意。等你要去住的时候,会衍生出诸多的不如意,让你无法方便地、安静地、独立地享用。别的先不说,光一个生活的方便,就够你折腾的,甚至让你心生厌倦。

你隐约能控制今晚选的餐厅,可是,一旦去了餐厅,就失去了一些控制，你的选择被限定在菜单提供的范围内，让你很难如意，你必须在这一限度内做出一个让你快乐的选择。

笔者一个做珠宝生意的朋友，大家公认的顺风顺水，一路发达。一次培训的间隙，我这样跟他说："你这才是万事如意，心想事成啊！"没想到他一脸深意地回答道："贾老师，您说的万事如意背后，那得有十万、百万乃至千万的不如意，只不过外人未曾看到而已。"我会心一笑，懂了，知道答案了。

生活绝对不是因为满意才快乐。如果造句的话，不是"如果……就快乐"：如果我中奖了，我就快乐；而是"哪怕……也快乐"：哪怕一分钱不中，我也快乐。

在真实的生活中，没有什么事情是零风险的。请你告别零风险的想象，学会怀着"没有什么是安全的"想法生活——无论是你的积蓄、你的健康、你的婚姻、你的友谊、你的敌人，还是你的房产。你只能着眼于现有的，在风险铺就的人生舞台上跳舞，并保持快乐。

所以，面对一箩筐的不如意，以及不确定和风险，我们的第一反应不应该全是无奈、排斥和痛苦，而是接纳。在幸福的乐章中，风险和挑战应该是共同流溢的黑白键，此消彼长才能弹奏出最和谐的乐章。

挑战思维

在我们的生命中有两件最重要的事，一件已经发生了，

偷走了你的快乐？

它就是出生，另一件还没发生，它就是死亡。这两件人类生命中最重要的事情，我们都无法控制。

流年似水，世事难料，"人生若只如初见"。许多既定的开始都有一个想不到的结果，不管是喜的还是悲的，期待的还是不愿看到的。所以才耐人寻味。

问题的不断出现就是这个世界不确定性的证明，为解决问题而付出努力，能使思想和心智不断成熟，启发我们的智慧，激发我们的勇气。

想想我们的学校，为什么设计了各种问题和规矩来难为我们，促使我们动脑筋、想办法，促使我们自律。还不是因为，毕业后所面对的社会充满了问题。

环顾下周围的人，面对同样的困难，有的人能踩着困难笑，而有的人则向着困难哭，这就是差距。**矛盾和落差造就了这个不确定的世界。快乐的前提是，你必须用挑战思维去接受这个不确定的世界，而不是去做一个婉约的叹息者。**

为什么一定要做生活的强者？而不是成功学意义的强者，不是为了让你强到出类拔萃、彰显功绩甚至光宗耀祖，因为不强你就没有踩着困难笑的底气和勇气，你就失去了心灵得以任性的空间。

人生是用来挑战的，不是用来退让的，更不是用来顺势滑行的，恣意滑行的人生只能是滑向万丈深渊。

挑战思维是建立在一种习惯的积累上的，哪怕是很小的挑战，也会在心中埋下挑战的种子。但如果家长用强有力的臂膀，将挡在我们面前的困难和阻力屡屡地挡下，就剥夺了我们挑战的机会，让我们从小就失去了很多享受挑战的乐趣和成就感。

体育运动不仅仅是锻炼身体的手段，还可以教会人们如何迎接挑战。在父母用心呵护下，在对体育运动普遍轻视的环境下成长起来的我们，更要克服心理上的羁绊，奋身向前，去主动迎接挑战。

凡尘苦厄缠绕，有些人苦恼于人间的烦烦逆逆，厌倦了继续挑战，而选择遁入佛门。可这仅仅是入门级别，你距离"五蕴皆空"的境地还有十万八千里，佛陀也不会让你万事如意，他甚至会加倍地考验你，用的依旧是"不如意"。

思考：你在工作生活中都碰到了哪些挑战？你打算先拿谁开刀呢？

乐在挑战毛泽东

"雪山低头迎远客，草毯泥毡扎营盘。""五岭逶迤腾细浪，乌蒙磅礴走泥丸。"这样集革命英雄主义和革命乐观主义于一体的诗，出自伟人毛泽东之手。

一般人常为人间争斗所累，因此取消极逃避态度。毛泽东不为其累，反以为乐，且乐此不疲。以奋进的精神去面对人生的各种挑战，并依靠他的谋略和智慧在斗争中从容取胜。

从割据井冈山、宁都遭贬到毛儿盖难局和王明挑战，以

及到后来的皖南事变和陕北转战,面对种种挫难,毛泽东都表现出了超常的抗挑战能力和品质。

这跟毛泽东的斗争哲学是分不开的,"与天斗,其乐无穷;与地斗,其乐无穷;与人斗,其乐无穷。"同敌人面对面的战斗,这种生活对毛泽东来说,不仅其乐无穷,而且能像湖南辣椒那样,舒适他的肠胃,健全他的生理功能。

他患有慢性便秘,但只要一打仗,他的大便就正常了。1945年,他患了重病,有时他躺在床上,全身发抖,夜不成眠,医护人员都不知如何是好。可是到次年6月,国民党30万大军分四路向中原解放区大举进攻,他的病马上就好了,因为又一次沉浸到了挑战之中。

在毛泽东看来,穷和苦不是坏事,而是好事,好就好在它可以激发人的斗志,砥砺人的品行。他非常赞同泡尔生的幸福观:"无抵抗则无动力,无阻碍则无幸福",认为这是"至真之说,至彻之言"。

有了这种乐在挑战的精神,生活中的累和难就不再是坏事,不但不会影响我们的快乐;相反,会让我们在破除阻碍中找到更大的快乐。

推迟满足感

20世纪60年代,人们完成了一个著名的延迟满足试验,也叫软糖实验。实验者发给一组4岁儿童每人一颗软糖,同时告诉孩子们:如果马上吃,只能吃一颗;如果等20分钟后再吃，就给吃两颗。结果有的孩子急不可待，把糖马上吃掉了；而另一些孩子则耐住性子，消磨时光，以克制自己的欲望，从而获得了更丰厚的报酬。

之后，研究人员跟踪观察发现，那些以坚忍的毅力获得两颗软糖的孩子，长大后表现出更强的适应性、自信心和独立自主精神，事业上更容易获得成功；而那些经不住软糖诱惑的孩子则往往屈服于压力而逃避挑战。

尽管实验是面向成功的，然而适应性、自信心和独立自主精神，同样也是保持和促进快乐的重要品质。

钱钟书在《围城》中有这样一段关于吃葡萄的文字，"有一堆葡萄，乐观主义者，必是从最坏的一个葡萄开始吃，一直吃到最好的一个葡萄，把希望永远留在前头；悲观主义则相反，越吃葡萄越坏，吃到绝望为止。"悲观主义者往往不能忍受延迟满足，他们必须即刻体验满足和快乐，但而后留下的是绝望。

工作中，有人喜欢先做自己喜欢的事情，总把自己不喜欢的事情放到最后。这正如吃葡萄一样，先拣好的吃，但是甜美的葡萄总是消失得那么快，面对剩下的酸涩果实，先前的美好转眼间不知去向，面对必须解决的问题也没了勇气和动力。不仅因为前面的甜美让眼前的这堆"烂葡萄"更加无法下咽，更悲惨的是，再也没有任何诱惑和奖励值得期待了。

这样的生活方式不仅让我们从快乐开始，以痛苦结束，还会滋生逃避的习惯。今天的甜葡萄吃完了，面对剩下酸涩

谁偷走了你的快乐？

的果实，为了获得快感，我们会找甜苹果、甜菠萝，甚至预支明天的或者讨借别人的，总之不要去面对残局就好。

而如果你想获得更持久更浓郁的快乐，就意味着，推迟你的满足感，不能贪图暂时的安逸。

当你每天来到办公室，面对棘手的问题和顺手的问题，犹如面对酸涩的葡萄和甜美的葡萄，你就知道应该先从哪个着手了。

面对一个充满不如意的"凶险"世界，我们不得不有备无患、居安思危。面对问题并感受痛苦；然后，解决问题并享受更大的快乐。这是唯一可行的生活方式。

自律

面对不如意的世界，只有通过自律，才能与外界强加的规则和资源约束和谐相处。你不自律，它们就会反过来约束你的自由；你不自觉，它们就会反过来让你觉得不舒服。

在快乐学里，自律是为了自乐，只有自律才能让你活得坦坦荡荡潇潇洒洒，让你策马奔腾共享人生繁华。

有的人，为了减肥，三餐都吃水果、蔬菜，饿得昏天黑地的，还是不吃，最后还得了厌食症。

有的人，为了省钱，给孩子买衣服总买大一号的，为了买到特价商品逛遍了所有的超市，从不舍得请别人吃饭，久而久之，连朋友都差点忘了他们的存在。

他们错误地把痛苦当作是自律，把"先苦后甜"当成自律的精神支柱。甚至以为，自律就是要变着法儿地难为自己。当他们对自己所做的一切从内心感到困倦乃至厌恶的时候，"自律"其实已经发生了质变，变成自虐了。

看过一篇网上的文章，讲了这样一个故事：

一个从一所普通本科考到顶级院校读研一的女生，从学期开始就自己制订了一连串魔鬼似的学习计划：

每天早上五点钟起床读英语，15分钟时间吃早餐。

每门课都认真对待，预习、复习、写作业、找同学答疑。

没课上的时候，一整天都待在自习室，没有午饭，晚餐非常简单，周末也不例外。

她不参加任何学校社团、群体活动，也不追剧、不去看电影，杜绝一切娱乐，连用手机刷两下朋友圈都充满了负罪感。

她为什么要这样逼自己？

"总有人会成为人群中的那1%，为什么不能是我，同学中比我优秀的太多，我不敢放松。"

两个月后，她变得体态臃肿、面无血色，更重要的是，男朋友也把她甩了。

原来在自己的魔鬼学习计划中，她几乎是排除掉家人和朋友的存在，甚至连男朋友，她都极少打电话去问候一下。

渐渐地，她变得越来越孤单，陪伴着她的，只有她手上冷冰冰的书。

偷走了你的快乐？

她泣不成声："不仅如此，不知道为什么，我的学习效率好像也越来越低。我这么努力，这么自律，为什么却把生活搞得一团糟？"

其实她哪里有生活？为了"自律"，她把自己正常的生活、恋爱的欲望都锁在笼子里，到头来，她其实是把自己整个都锁在了笼子里。

这样的自律，除了感动了自己，已经让她和这个世界渐行渐远了。

自律的本质是扩大自己的自由，一切无法带来自由感的自律，都不值得去遵守。

有人可能会问：前边讲过要及时行乐，这里又讲自律和推迟满足，两者会不会自相矛盾呢？不会的，但需要平衡的艺术——**及时行乐但不要透支未来，严于律己但苦中有甜。**"甜"来自于内心日益扩大的自由。

自律也快乐。

聚焦

干自己喜欢的事儿，跟自己喜欢的人交往，住在自己喜欢的地方，肯定能让你更快乐。然而"不如意者十之八九"，命运经常会捉弄你，偏偏让你干着自己不喜欢的事儿，交着自己不喜欢的人，住在自己不喜欢的地儿。怎么办？你可以试着将你的视界聚焦于其中如意的"十之一二"，结果……

董董是一个商场的收银员,每天的工作都是大量机械性地重复,这让她心里很烦。

商场收银员的工作场景我们都不陌生,的确很枯燥。她曾经几次提出调换工作,都被部门经理拒绝了。在我到她的公司做培训的时候,她的辞职信都写好了。

在跟她交流工作的时候,我首先确认了她需要这份工作,也能胜任这份工作。

我问:"难道每天的工作都是一样的吗?"她想了想回答:"也不尽然,毕竟每天打交道的顾客是不同的。"

"都有哪些不同呢?"我继续追问。"起码,有的顾客会夸奖我,而有的顾客却抱怨我,当然更多的是无视。"她继续回答。

"都是因为什么夸你呢?"我当然没有放过这一机会。她也开始兴高采烈起来:"有的顾客忘记带会员卡,我会提醒他们;有的顾客忘记了带随身的物品,我也会小心地给保管起来;还有的顾客夸我的字写得漂亮呢!"

"受到顾客褒奖的感觉如何?"我们继续交流……

我最后跟她总结:"收银服务的过程不仅仅是机械的收钱和盖章,还包括对顾客的延伸服务,你就先从喜欢跟顾客的沟通和服务开始吧。多把焦点放在服务上,而不是干活上。"

时隔不久,她给我的反馈果然喜出望外,她慢慢地喜欢上收银员的工作了,并以良好的服务受到了商场的表扬。

谁偷走了你的快乐?

这是肯定的,只要你愿意坚持!

你对工作的不满意通常不是绝对的,也许你对这份工作的薪水满意,也许你对这份工作的环境满意,也许你对这份工作的简单满意(不用动脑子),还也许你满意的是这份工作能让你认识更多的人。总之,绝对不会是一无是处的。

认识到这一点,从今天开始,你就可以将你的关注点聚焦于你所满意的地方。

哪怕不幸进到监狱里面,就一定是绝望吗?未必。也许聚焦会帮你。

高晓松当年入狱的时候,用的就是聚焦,他自己跟记者讲述:"第二天没睡着,躺在那儿,看着六米高的房顶上有一盏昏黄的灯,左边躺着一个小偷,右边挤着一个黑社会,觉得好神奇啊。刚进去也睡不到好的位子,这个呼噜响,那个有口臭。你躺在那儿,你不停地说着神奇,因为你要觉得神奇,就会削弱绝望感。"

这给我们的直接启发就是,你可以用"喜欢监狱的神奇"作为喜欢监狱的切入点。

正像阿基米德所言:"给我一个支点,我就能撬起整个地球。"可贵的是我们要先找到一个切入点。

退一万步说,即便你不喜欢工作的全部,你也可以从喜欢上下班的途中开始努力,然后开始喜欢工作前的准备工作,然后开始喜欢辅助性的工作,然后开始喜欢部分工作,慢慢的你就会喜欢上你的工作。

本书讲到了好几个关键的"喜欢",喜欢自己,喜欢成长,喜欢挑战。尤其是喜欢挑战,在聚焦阶段甚至是最后的一根稻草。

再用下晓松老师的狱中案例,如果时间长了,最后实在找不到新鲜感了,还有什么可以喜欢的?恐怕只剩挑战了。我想高晓松老师肯定也是一个喜欢挑战的人,否则哪会有那么高的成就。如果笔者是当时那位记者,恐怕要跟晓松老师聊起这个话题的——狱中挑战的喜悦。

说了这么多,其实关键是要调整你的视界,将你的视界聚焦于一个好的方面,一个快乐的点。

仔细想想,恋爱的过程又何尝不是如此呢?如何斩获对方的芳心也是一样的道理。或许先从外貌开始喜欢,或许先从言谈开始喜欢,或者先从才干、先从细心的品格等开始喜欢,慢慢地会倾心于一个人,一个原本不太可能喜欢上的人。而所谓的一见钟情,难道是真的合适吗?无非就是他/她有个亮点击中了你,让你不由自主地聚焦,而忽视了其余。

对于本书应该也不例外,也许你就是从喜欢书中的一章、一节、一段乃至一句话,就买走了这本书,然后就开始喜欢上这本书。还有可能因为喜欢这本书,而喜欢作者。

思考:找一个你原本不太喜欢的人、事或者环境,聚焦在你喜欢的一个点上,慢慢地感觉心境的变化。

CHAPTER EIGHT
偷走你快乐的第八个人:

"完美"

告别"完美",接受缺憾之乐

"完美"是姊妹十个当中最漂亮的。这个小妹妹不但最有颜值担当,同时也很有"使命"担当。她不但自己追求完美,也无时无刻不在传播完美,导致了她的"主义"经常被人挂在嘴边。

自我贴标签常用这个词,Perfect(完美)时常被很多人挂在嘴边。当面试官让被面试者讲自己一个缺点时,较多答案是"我是一个完美主义者",用做事追求完美、极致来标榜对工作的态度。当初次相识,做自我介绍时,对方会说我是处女座,天生的完美主义者。

不止工作,感情生活中也有完美主义者。有的人希望得到纯粹的感情,他们不允许对方在精神和肉体上有丝毫背叛,就算是一次小小的失误,他们也不肯原谅对方,宁愿舍弃,继续追寻完美的爱情。

完美主义的危害

完美主义的危害有哪些呢?

1. 性格缺陷

过分追求完美是一种心理性格缺陷,给人带来莫大的焦虑、沮丧和压抑。事情刚开始,他们在担心着失败,生怕干得不够漂亮而辗转不安。而一旦遭到失败,他们就会异常灰心,想尽快从失败的境遇中逃避。

生活中每干一件事都想把它做得完美的人,并不一定是一个强者。假如一个人缺乏自信,生活上屡遭挫折,他的安全感就受到了伤害。这种伤害需要通过其他途径来加以补偿,于是借由对完美的追求来自我保护,免受他人的指责和讥讽。

2. 阻碍创新

在这个崇尚创新的年代,完美主义者更有一个挥之不去的缺陷——他们不愿冒险,不能尝试任何新的东西,生怕任何微小的瑕疵损害了自己的形象。

3. 为他人而活

由于极度在乎自己在他人眼中的形象,以及他人如何评价自己,导致在人际生活中,对别人的请求有求必应,就算自己再为难,也要想法设法去做到。就像郭冬临小品《有事你说话》里的主人公。他也知道他人的有些请求自己应该拒绝,他曾经也有自己的爱好。但为了自己在他人心中的"完美"形象,他放弃了自己,他的整个生活都在为他人而活。

4. 影响自爱

完美主义所强加的高标准,让他对自己的缺陷过于萦怀,完全丧失了自爱的资本,无法悦纳自己。

5. 人际关系厌倦

抱守完美的严苛标准,对他人和社会容易挑剔、仇视甚至攻击,因此对人际交往感到厌倦。古代诗人屈原的一生就颇具完美主义的悲情色彩,他"怀瑾握瑜",不屑与市井大夫为伍,"举世皆浊我独清",最后对外界完全绝望,只得怀石沉江。

如何走出完美主义

如何从追求尽善尽美的诱惑中摆脱出来呢?

1. 有舍才有得

完美固然好,然而有限的精力让你无法处处完美,平均用力只能处处不完美,有舍才有得。

不要在自己的短处上去与人竞争,而要在自己的长处上培养起自尊、自豪和兴趣。你如果事事要求完美,这种心理本身就成为你做事的障碍。如此,哪怕你能力高过诸葛亮,也照样为完美所累。

可以学点时间管理,合理分配自己的时间。在量力而行的基础上,再加上"量时间而行"。

2. 闪光点和瑕疵并存

没必要为了一件事未做到尽善尽美的程度而自怨自艾,

谁偷走了你的快乐?

凡人谁也不能做到绝无瑕疵的境界,因而盲目地追求一个虚幻的高度只能是劳而无功。也许正是瑕疵的点缀,才更能凸显出你的闪光点。

笔者在撰写本书的时候,当然也在力求完美。可对于一本书来说,立意、素材、逻辑和表达都很重要,素材还有典型性、新颖性和实用性等的要求,表达还有严谨清晰、优美雅致以及简洁明快的不同风格和要求。笔者受水平所限,书中肯定充满了缺憾,笔者只能充分发挥自己的长处,但同时必须跟缺憾为伴。

3. 求自我超越而非出类拔萃

完美主义者追求出类拔萃,但往往因此而受挫。而寻找一件自己完全有能力做好的事,然后去把它做好,这叫自我超越。这样你的心情就会轻松自然,办事也会较有信心,感到自己更有创造力和成效。你要沉住气,不断地自我超越,就会慢慢走向出类拔萃。

有个词叫"知止",止于何地?止于不完美,止于未完美,甚至止于缺憾。

我问佛:世间为何有那么多遗憾?佛曰:这是一个婆娑世界,婆娑即遗憾,没有遗憾,给你再多幸福也不会体会快乐。

怎么样?赶紧跟完美道别,跟缺憾做朋友吧?

它会让你更快乐。

思考:"完美"是否真的带走了你很多的快乐?

钝感力

生活的不如意还表现在越来越大的社会压力，各种中伤和打击，尔虞我诈的职场争斗，还有暗流涌动的人际关系，所有这些都像病毒一样侵蚀人的快乐。导致你对"病毒"越敏感，往往越容易受伤。

有趣的是，日本小说家渡边淳一在《反常识讲座》一书中提出了一个新的概念，钝感力，即"迟钝之力"，以从容面对生活中的伤痛和压力。

钝感二字是相对于敏感而言的，渡边淳一说"在人际关系方面，最为重要的就是钝感力"。

渡边淳一所说的"钝感力"，与中国古人郑板桥所说的"难得糊涂"有异曲同工之妙，可谓日本版的难得糊涂。不过，钝感力相对于难得糊涂而言，增添了许多积极的向上的因素。难得糊涂隐含着逃避、与世无争的味道，钝感力则告诉人们，面对复杂的现实如何调整自己的心态，从而更巧妙地保护自己的快乐。

渡边淳一这样告诫我们："当受到领导批评，或者朋友之间意见不和，还有恋人和夫妻之间产生矛盾的时候，不要因为一些琐碎小事郁郁寡欢，而应该以积极开朗、从容淡定的态度对待生活。钝感力不仅限于精神方面，在身体方面也同样如是，要想不因些许感冒或伤痛等就败下阵来，就必须拥有这种能力。一个人谨小慎微，凡事看得过重的自寻烦恼

 谁偷走了你的快乐？

的时代,应该宣告结束了。"

对于来自他人的评价,除非有证据表明对方是恶意的,否则一定假定对方的意图是高尚的。还有,不要把自己和自己的观点联系得太紧,当观点被拒绝,并不是自己被拒绝了,被排挤了,甚至觉得受到打击了。要意识到你的观点并不代表完整的你。另外,他人对你的看法也不构成完整的你。这样,你会过得快乐、洒脱,而且也不那么容易被冒犯。

东坡居士有一绝句,"但愿生儿愚且鲁"。这恐怕很不符合当今的主流社会价值观。家长望子成龙的多,否则,各种补习班就不至于屡禁不止了。

但从快乐的角度看,要那么聪明敏锐干嘛？过于敏感地明察秋毫以及"眉头一皱计上心来",这样的画面本就跟快乐无关,甚至会玷污了快乐。

前者好比敏感多疑化身的林黛玉,对别人的一颦一笑都格外在乎,因落花而黯然神伤；后者好比眼里绝对容不下沙子的王熙凤,"机关算尽太聪明,反算了卿卿性命"。

林夕在《原来你非不快乐》一书中,对敏感锐利之人有过这样一段描述："天生对一切感觉敏感锐利,除了有助于成为一个创作人之外,实在想不到还有什么优惠。敏锐,最大的福利是伤痕难以消散,无端端下场雨,又联想起撑过雨伞的场面之类,谁没有与爱人分享过雨伞？一下雨就新愁旧爱如潮涌,想深一层,真的不如生来钝感过人,翻风落雨,最好打场麻将。"

想下你的周围，是不是的确有很过分的人，他们把敏感锐利不但带向了工作，还带向了厨房，甚至就连外出游玩，也放不下自己的敏锐本色。用滴水不漏的行程来彰显自己的精明，就连在旅途看什么、玩什么、吃什么、买什么都悉数纳入规划。最后旅行的任务完成了，快乐的任务呢？

将就，不将就

以上好像一直把完美主义作为一个贬义词，其实不是了，只要用对了地方，完美主义就值得追求。比如，物质没有完美，精神可以完美，你可以追求完美的心情。

到底人生该不该将就？到底工作该不该将就？到底婚姻该不该将就？见仁见智莫衷一是。但这个问题在快乐学的结论却非常简单明确：物质生活本应将就，精神生活本不应将就；肉体可以随大流，但心灵只能独自行。

在物质上，将就是必需的，因为我们都受到资源的限制，包括我们只能严格地接受时间的一分一秒的安排，无奈地做出我们有限的选择。

比如你去买一辆车，其实你的选择空间非常有限——限定的时间、限定的几种品牌、限定的几款车型、限定的几种颜色，关键是限定的钱，因此你不得不将就。一旦做出了选择，你对你选择的爱车非常满意，其实这种满意不是客观的，不是车让你满意，而是你处理好了自己的心情。

快乐的人应该是这样的：对于物质的车，别太挑剔和渴

求，更别羡慕和攀比什么豪车。即便开劳斯莱斯的人，你怎么知道他不是将就着买的；而心情呢，万万不可将就和打折扣，你所挑选的一定是最"称心"的爱车。如果相反，对于车过于挑剔，不接受将就，甚至攀比；最后，却只能让自己的心情将就和打折了。

在精神上，一切都应该是最好的、最纯的、最真的，没有将就。以恋爱为例，对于对方的职业、性情、能力乃至房子和车子这些看得见摸得着的，总之就是对方这个人吧，对你而言属于外在的，你不得不将就，无法苛求完美。然而对于感情，你却不应该有丝毫的将就，当你说出"我爱你"的那一刻，一定是最纯真的表达。

可有人说了，不都说两口子过日子需要将就吗？错了，那是指将就对方，而不是将就自己的心情。

至于一个经典的问题：找一个我爱的还是爱我的，如果不能两者兼具，好像就成了一种将就，其实不然。我不爱他，但是他爱我，说明我心甘情愿地嫁给一个爱我的，我的心并没有将就。反之，我爱他，他不爱我，我也是自己爱的纯粹，更不是将就。

说到底，精神上的"讲究"就是在自己背叛自己；同样，物质上的"不将就"就是自己难为自己。

美好的生活应该是这样的：当我们"将就"着进到一家餐厅的时候，我们的心情却美美哒。因为所有的餐厅都是你将就着选择的，只是有的时候你没意识到，误以为那就是你满意的餐厅，其实这是错觉，只是你此时刚刚把自己的心情处理好了而已。

因为对于外在的东西，永远没有满意一说，道理很简单，外在的东西永远不可能跟你内在的心十分吻合。**在物质世界，一切都是阴差阳错的安排，万难如意；而在精神世界，一切都是恰如其分的安排，万事如意。**

画家徐冰，有一次面对记者讲述了自己的招数：在美国时间长了，你可能会想家，或是想北京，其实北京有一种气氛是会让人想念的。但是人其实有很多的方法，让一个东西转换成另一个东西，让你过去。比如说开车过一条山沟的时候，这条山沟很像香山那一带的感觉，我当时就可以感觉到我此时就身处在香山，也就特别满足，你此刻就回北京了。

回到本章序言中的一段话："不止工作，感情生活中也有完美主义者。有的人希望得到纯粹的感情，他们不允许对方在精神和肉体上有丝毫背叛，就算是一次小小的失误，他们也不肯原谅对方，宁愿舍弃，继续追寻完美的爱情。"

到底能否追求"纯粹的感情"和"完美的爱情"，快乐学告诉你，没问题，但请你不要搞错了，那是你自己的爱，而不是别人对你的爱，别人对你不可能有纯粹的爱，你得将就。

所以当有人说"我的眼里绝对不揉沙子的时候"，你该知道他的本质意思其实是"我的心情或心灵绝对不揉沙子"，尽管说这话的人自己并不知晓。

谁偷走了你的快乐?

几千年前的庄子早就悟透了这一点,于是才有了逍遥境界:"独与天地精神往来而不敖倪于万物,不谴是非,以与世俗处。"之所以称世俗世界,就在于它的俗,它的是是非非,既然如此,何必骄矜侧目,将就些即可。而只有心与天地精神的往来才是完美的、自主的,不能将就。

想必"一箪食,一瓢饮,在陋巷。人不堪其忧,回也不改其乐"的颜回,也是参透了将就和不将就的关系的人,只有他自己知道答案。

只有同时拥有将就和不将就两种境界的人,才会诞生不随大流的心灵,让世界拥有众多不一样的烟火,映衬出一个多彩的快乐世界。

逍遥世界不将就,世俗世界得将就;心灵本该是清澈的,世俗本该是浑浊的。

思考:哪些该将就……哪些不该将就……

CHAPTER NINE
偷走你快乐的第九个人：

"无辜"

何有"无辜",只有宽恕之乐

"无辜"平时深居简出,说话语调低沉。但在你碰到不快甚至劫难的时候,"无辜"就出山了,他常常这样安慰你:"这不是你的错,你是无辜的。"

有意思的是,从网上搜索无辜感的时候,竟然99%都是跟化妆有关的:无辜感眼线,无辜感眼妆,或者干脆叫作无辜妆。真没想到无辜感蕴含着如此魔力,难怪众生愿意接受"无辜"。

都知道快乐有一个死对头,叫抱怨,它背后的潜台词是:"我是对的,我是无辜的,他是错的。"当然这里的他,或者是他人,也可能是环境。

从成功的角度,抱怨的害处很多,例如,放弃自我反省、自我提高与改善的机会,形成消极思维定势,破坏人际关系,等等。

若从快乐的角度就简单了,抱怨本身就是一种负面情绪。当你开始抱怨或者纠结要不要抱怨的时候,快乐早已躲得远

谁偷走了你的快乐?

远的了。

远离抱怨是本书的目的所在,而极度无辜的受害者感觉是产生抱怨的源头。

"这个世界上有很多种生活方式,命运将你推向任何一种层面都别奇怪,别怨天尤人,它并没有剥夺你幸福的权利,在任何一种生活里,我们都能找到属于自己的幸福。"著名舞蹈家、脱口秀演员金星说。

交通事故引发的

为了解释无辜的影响力,做个残酷点儿的假设:有人正常行走在大街上,被一辆酒驾司机的车撞了,造成终生残疾。

我们可以有充足的理由认为,这个被撞伤的人是无辜的。对此,法理也是100%支持的。

"被无辜"之后呢?他一定会把愤恨乃至仇恨全部洒向施害者,他觉得对方不该被原谅,觉得自己特别委屈,甚至觉得这个世界对他不公平。

毕竟,相对于身体的痛,往往心痛才是最大的折磨。而"无辜感"加重的就是心痛。

当然,关于以上的事故中的无辜,在法理之外,还有两点疑问。

其一,当我们觉得受害者无辜的时候,难道不会想到酒驾者也有无辜的成分,难道他是"醉握方向盘,心存草菅心"?或许他也是不得已才喝酒的,甚至不得已才酒后驾

驶的。

其二，在车辆如织的大街上，几乎分分秒秒都在发生交通事故。因此，当你选择了马路作为通行方式的时候，就意味着你不得不接受此类事故的发生概率，不得不接受那万分之一。

以上的开脱都是次要的。

还记得在"不要有感性的烦恼"一节中，西片担雪禅师对稻盛和夫的开悟："稻盛君，我不知道你过去犯了怎样的罪孽，但一个人积累的业障，会以灾难的形式在我们所能感知的主观世界显现。你之所以会倒霉，是因为你在过去所犯的罪孽，也就是业障所造成的结果。而随着灾难的发生，相应的业障也就抵消了。"

对此，笔者不敢相信，也不敢不信。但是，起码在相信因果报应的时候，会减低灾难发生时候的无辜感——那是自己业障的积累，而不是无辜。业障与业果的因果报应，就是佛陀拯救人类于痛苦的方式之一。

如果你相信上帝，就更没有无辜了。因为上帝是万能的，一切都是上帝的安排，所有的灾难都是上帝对人的惩罚或考验。

而在中国的传统文化中，这是天谴。

针对这样的事故，还引发出了一个"信命与不信命"的探讨。

之前，有人曾经问笔者，大体意思是，人到底应该信命

还是不信命。我是这样回答的:既要信命,也不能全信命。

对于已经发生的事情和无可改变的事情,我们要信命;而对于还没发生的事情和我们能够左右的事情,当然不能信命。这也符合阴阳之道的平衡。

还是以车祸为例来分析,对于已经发生的车祸,作为当事人,你只能信命。否则,你脆弱的心,可能接受不了这样"无辜"的戕害。

看来,面对灾难,无论是信佛、信上帝,还是信命、信天谴,都是用来抵消无辜感的。

但是,当你手握方向盘驰骋旅途的时候,万不可信命。如若那样,当你超速行驶的时候,则会心存侥幸:不在于速度,该发生事故再慢也会发生,不该发生的再快也没事儿。这信命多危险啊,还是应该信车,信速度,信自己!

当你虔诚地跪拜观音菩萨,保佑你平安吉祥的时候,其实你本质上保佑的不是外界的结果,而是保佑你的心免受"无辜"的戕害。

思考:还记得被无辜的滋味吗?

团队与家庭中的无辜

在团队协同中,个体的"无辜感"具有更大的破坏力。

比如,一条生产线上,所有工序、工位的人员都是为了同一件产品。某一个地方出错,轻则造成最终产品的瑕疵,重则造成整条生产线的停产。假如这一切是因为一名员工的过错导致的，其余所有的员工都是无辜的吗？

事实也许是，但可怕的是，一旦其余所有的员工都认为自己无辜的时候，整个团队的氛围就不一样了，冷漠，可怕的理智。这样的团队氛围，肯定也不快乐。

"天下兴亡，匹夫有责"是站在天下的高度。如果把这句话改成"团队兴亡，队员有责"，或者改成"家庭幸福，成员有责"，应该没毛病吧？

其实"有责"的反义词正是"无辜"。"无辜"掩盖了责任。

我们看一个团队的功能：达成绩效目标是首要的功能，满足团队成员的发展目标也是重要的功能，而维持一个快乐的团队氛围也是目标之一。在以上三个目标的达成过程当中，每一个队员都不是无辜的，而是"有责"的。

在婚姻家庭中，道理是一样的。典型的，比如面对丈夫的出轨，我们往往认为妻子是无辜的。社会可以这么想，男人可以这么想，丈夫可以这么想。唯独作为当事者的妻子，最好别这么想。当你笃定自己是无辜的后，自然会把所有的怒火洒向丈夫乃至小三身上，这样的心智所决定的行为可想而知。

更让人唏嘘不已的是，朋友圈中经常会爆出原配跟小三火拼的视频，难不成原配认为自己的丈夫也是无辜的，都是狐狸精惹的祸？人类的智商竟然能如此轻易地被情感冲动玷污！

归根到底,无辜即无责,都是"无辜"惹的祸。

同情心的错

一个人借给朋友 10 万块钱做生意,结果朋友做生意赔了,他的钱打了水漂。他认为自己是无辜的,于是恨他的朋友。后来他"想开了",转而认识到是自己错了,当时不该因为同情心而借给朋友钱,于是又陷入自责的痛苦。

很多人就这样蹂躏自己,损失的不仅仅是钱,还有自己的心情。

其实当你自责的时候,你也是被"无辜"害了,因为你认为自己的同情心是无辜的。

而本质上呢,你在选择用你的同情心助人,收获了同情心爆棚的感觉的同时,你已经选择了牺牲,虽然当时损失还没有发生。所以,不要被"无辜"的同情心蒙骗,都是同情心惹的祸。

如果当初借钱的时候,并不是因为同情心,而是为了利息或者面子,这利息和面子也是有代价的。你得到了收取利息的可能性,你得到了面子,必然要付出代价,这利息和面子也不是无辜的。

这太符合辩证法,也符合老子的"福兮,祸之所伏;祸兮,福之所依"。当我们接受了一件事物的优点和助益的同时,必然也要接受其缺点和危害。

既然你享受了同情心,就不要后悔,并且要接受因此而带来的后果——钱的损失。这是平衡的,何必自责呢?

在这个世界上,没有"无辜",只有"有责",就连同情心亦如此。

忍与恕

忍的行动对象是外界"不公正"的强加,不公正三个字之所以加引号,是因为这是忍者自认为的不公正。此时,内心里的无辜感是它的心理基础——与"我无错"相对应的就是"你有错"。

忍是心字头上一把刀,而恕则是心字头上一自如,如就是顺从的意思。忍让一个人内心紧张幽怨,而恕则让一个人内心自如舒展。曾子曰:"夫子之道,忠恕而已矣。"可见恕在儒家文化中的核心地位。

两者同样都是一种退让,隐忍和宽恕却代表着两种截然不同的心智模式。

前者是完全被动强迫的,是为了达到自己长远目标的一种暂时的牺牲,牺牲眼前的快乐来换取将来的成功。所谓"小不忍则乱大谋",忍带有显而易见的目的性,为了大谋。有个词叫忍辱负重,这是典型的成功学逻辑。当年韩信忍了胯下之辱,方才有了后来的丰功伟绩。

而后者却是主动自如的,随心而为的,没有目标和功利性,尤其也没有任何的牺牲。

不要小看"牺牲"这两个字,当你在自己的心田中种下

牺牲的种子之后，意味着将来迟早要找人偿还，这是牺牲两个字的宿命。因为中国人相信，人与人之间的相互关系是一种精确的因果关系，恩怨情仇和对错赏罚之间应该是严格一一对应的，有因必有果报，忍和牺牲之后必要相报。

还是以家庭中的出轨为例，因为它既寻常又极端——寻常在于现象的普遍，极端在于后果的严重。面对出轨，如果你只能退让，会有两种不同的心智模式选择——隐忍和宽恕。

隐忍的模式是：我本憎恶和不能接受，但是，为了孩子，为了家庭，为了父母，为了脸面，乃至为了生计（经济上的依赖），我忍了！但是，我为此却是做出了巨大牺牲的，纯受害者。既然有牺牲，背后一定有抱怨，有补偿，甚至有报复。这样的种子一直在心中生根、发芽和生长，最终必然导致伤害。

而宽恕的模式则是：尽管这种做法是错误的，但我能接受和宽恕这种现实，因为人无完人，世界本来就充满了各种错误。

家庭中，除了这种极端的例子，需要宽恕的还有很多很多，靠忍无法维护一个家庭的长期和睦。**换言之，家庭是因为宽恕而和睦，而非因为隐忍而和睦，更非因为合适而和睦。**

忍的可怕性还在于，一个人能够把对第二者所做出的牺牲，转嫁到无辜的第三者身上。在本例中，受害者（自己认为的）有可能将这种牺牲，转嫁至孩子身上，乃至迁怒于社会。

转嫁到孩子身上的方式，倒不是说一定要直接伤害孩子，还包括过分保护，过分要求，过分期待等情感绑架，影响孩子的心理健康和人格完善。家庭问题对孩子健康成长的不利影响，往往就是由于埋在心底的"忍和牺牲"。

就像重压之下的弹簧，当还无法消弭所积攒的势能的时候，一旦有机会，势必会反弹。

在中国，忍文化长期以来曾经备受推崇。从"小不忍则乱大谋"，到卧薪尝胆和胯下之辱的故事，无不在倡导隐忍对于功成名就的重要意义。

尤其当忍字和功利挂钩的时候，更是过于突出一时之忍的目的性，而忽视了忍的人格修炼——忍一时是屈就，忍一世则是涵养。一时之忍会造成一种心灵扭曲，让你的心不再淡定从容和豁达。恰似那一波被逼上梁山的壮士，虽然都称得上"好汉"，但心灵是扭曲的，具有超强的攻击性。所以，狭隘的忍文化其实不利于和谐安定的社会环境。

《金刚经》中说："一切法得成于忍"。学佛一定要修忍辱，有人骂了你，你要起羞愧心、怜悯心和感激心，就算他人真的要把你杀了，也不应该生出嗔恨心。

或许是当初翻译用词的原因，也或许是佛家对忍字的理解比较独到。但就初衷看，佛家对忍字的理解其实更接近儒家"忠恕"的恕字和基督教"饶恕"的恕字，甚至说佛家的

忍已经包含了恕。

还有很重要的，对恕的理解，不能局限于儒家的"己所不欲，勿施于人"和"待人如己"，还包括对自己的恕——善待自己。**其实，所有的自责，都是不愿意宽恕自己。**

我们不但需要待人如己，也还需要"待己如人"，后者反而是更高的境界。有段话这么说"把自己看作自己，把别人看作别人，把别人看作自己，把自己看作别人。"最后的"把自己看作别人"，就是让你把对别人的宽恕转移到自己身上，同过去你所不满意甚至犯了错误的自己握手言和——宽恕"他"。

或许因忍而生的力量以及空间能助你成功，但因忍而生的幽怨却可能夺走你的快乐。所以，成功必须忍，快乐务必恕。

思考：你是不是一直以来忍了许多，想想都有哪些？可以宽恕吗？

CHAPTER TEN
偷走你快乐的第十个人:

"无趣"

赶走"无趣",投入有趣之乐

"无趣"当然是当之无愧的,他本人就是世界上最无趣的人。他有一个特点,走路总是低着头,哪怕在他散步的时候,你跟他说:"看看这里的风景多美啊!"他会硬生生地回应道:"有什么好看的,好好地走你的路吧!"

当"无趣"缠上你后,就彻底蒙蔽了你发现美的眼睛,让你的生活变得黯淡乏味。

只有无趣的你,没有无趣的生活

"文革"期间,著名作家沈从文被下放到多雨的湖北咸宁劳动改造,饱受痛楚。可沈从文毫不在意,在咸宁给他的表侄、画家黄永玉写信说:

"这儿荷花真好,你若来……"

就这样一句普普通通的"荷花真好",竟使那段苦难的日子飘荡着荷花的芬芳。

要想过有趣的生活,先让自己变成一个有趣的人。只有

偷走了你的快乐？

一个有趣的人，才会把生活过得绚烂无比，不负韶华。

当然，金钱和时间也会影响生活的情趣。因为有钱、有时间，你也许就可以去普吉岛度个假；否则，就只能去附近免费的公园走走。

但是，生活是否有趣，不是普吉岛和免费公园的区别。最大的问题可能是我们没有出门，而是穿着睡衣，蓬头垢面，窝在沙发里，毫无目的地把电视遥控器按了无数个轮回，把朋友圈翻了一遍又一遍，浑浑噩噩地度过了本来就不多的闲暇时光。

有一个朋友，年龄不到 26 岁，就已当上了某著名快速消费品企业驻青岛市场的营销经理，算得上是个有为青年。不过他仍是不太开心。原因竟然是其总公司规定很严，要求市场经理们在一个月内，必须要有 24 天出差在外，这令他感到郁闷，"跑来跑去就这么几个分管市场，见来见去就那么几个代理商，每天还累得要死，哪有什么乐趣！"

于是向他面授机宜：你不是因为地方固定而日久生厌吗？从今天开始，在每个你所负责的地级市，试试在三个月内完成三件任务：一是发现一道当地最有特色的美食；二是发现一处当地最别致的风景；三是发现一位美女并与她交上朋友。

不久好消息就来了，前阵子他在电话中说，自从依计行事后，突然发现出差竟是如此的美好，生活竟是如此的多彩，为示内心感激，力邀我去青岛游玩，并承诺带我一一分享他在不同地方发现的美食及美景。

还是一样的工作环境，自从有了一颗发现的心，大千世界就变得如此多娇。看来，生活不是缺少快乐，而是缺少发现。

一个当教师的朋友，也这样描述他的发现经历："每当发现自己耐心的付出，能够让身边的那些不太懂事的学生一天天地进步，发现自己的工作竟然也有如此大的力量，可以改变一个人，可以塑造一个人的心灵。他们的成长和变化就是我最好的艺术作品，也是我的乐趣所在。"

如果说发现美食和美女，用的是娱乐的心和花心；这位老师发现学生的进步，用的则是仁爱之心。

除此之外，你还可以用创造的心，用艺术的心，甚至用幽默的心去发现生活之美。看看哪里是可以改进的，哪里是别具匠心的，哪里是沁人心脾的，哪里是令人捧腹的，哪里是启迪人生的……

每个人都可以把自己的工作当成艺术创作。把打字的过程看成是在钢琴前创造新的歌曲；把在手术台主刀的过程看成跟死神捉迷藏；把在厨房炒菜看成是油画创作，油盐酱醋就是你的颜料，炒出的新花样就是你创作的新作品。

一位画家指着一位正在放羊的农民赞叹地说："那是一个真正的艺人。那些石块在他的手中抛出，恰好落在他想让它落在的地方，精确地控制着羊群的动向；手中的牧羊鞭就是舞台上挥舞的彩带，划出弧线的同时还伴随着悦耳的

谁偷走了你的快乐？

脆响。"

法国伟大的艺术家罗丹说："这个世界并不缺乏美，而是缺乏发现美的眼睛。"

当然，还有最深层的人性之美，更值得你去发现，甚至值得化为泪水去洗涤你的世俗尘嚣，让你变得更加通透和纯真。

远走他乡的游子，在夕阳中与母亲作别，那是一种留恋，是一种人性的温暖之美。

赛场上不顾一切，挥汗如雨的运动员，为实现自己的梦想而拼搏，是一种人性的激情之美。

爱斯基摩人在白茫茫的极地行走，捕食，生存，那是一种人性的纯洁之美。

每次回家，小区管理员的温暖微笑，穿了新衣服后别人的夸赞，雨中陌生人主动与你同撑一把伞，是一种人性的善良之美。

有趣，是一种人品

曾经听过黄渤的一个关于幽默的演讲。他讲了自己这样一次经历。

他有一次在机场，被一个粉丝认了出来。攀谈良久，双方都很开心。

粉丝说:"我特别喜欢你拍的电影。每一部我都看了。"黄渤一脸开心和幸福。

粉丝说:"特别是你和刘德华拍的那部,叫什么来着,我太喜欢了。"黄渤一脸懵然。

粉丝又说:"叫那啥,《天下无贼》。"黄渤一脸懵然加一脸黑线。

后来粉丝要求和黄渤合影,并让黄渤签名。黄渤拿起笔,洋洋洒洒写下了三个字:"王宝强。"

有时候,让生活有趣,就是让自己和身边的人开心。**如果说知道怎么让别人开心是一种情商,那么愿意让别人开心则是一种难得的人品。**

黄渤就有这样的人品。如果他发现粉丝认错了自己,直接戳穿,那将非常尴尬。而他的处理方式,既让粉丝非常高兴,而自己回想起来也意趣盎然。

他说,自己很幽默是因为自己总是遇到尴尬。

生活不总是有趣的,确实会遇到很多无趣的事情,我们需要做的是,想办法让它变得有趣。比如,成全身边人的开心。

有趣,是一种创造

罗曼·罗兰说:"什么是快乐?只有创造才是快乐,其他的都是没有意义的在地上漂浮的影子。"

谁偷走了你的快乐?

中学教师柯锦川子是这样描述她工作中的"创造"的。

关于"快乐"这个奢侈的词,我终于懂得了什么是真正的快乐。每年每月,不停止学习,每一天都比以前要进步一点点。每年都会学习一些新技能,或者新领域的知识,所以每年每天的我都是新的,这也是我对自我的一种创造。

我记录过这个四月份做过的一些有意义的、让人愉悦的事情。

1. 拥抱过班上所有的学生,说出他们的优点,对他们都说了一声感谢,他们眼神里流露出来的被疼爱与感激,有可能也会成为终身的回忆。

2. 报了一个吉他班,终于开始认真学吉他。

3. 买了一辆非常漂亮的果绿色自行车,周末去练车的时候,可以感受无限的满面春风,将不喜欢的事情变成了喜欢的事情。

4. 欣赏了一场宫崎骏·久石让的视听音乐会,在音乐里感受我最爱的女孩们真正具备的气质:纯真、善良、勇敢。

5. 很认真地备完了这学期所有的课文,后面的两个月可以轻松很多。

6. 在班上建了一个小图书馆,同学们因为有书看,课余时间都认真了许多,而我也可以多看看他们读的书。

7. 在一个书店,见到喜欢的作家,听她智慧地演讲。

春光易逝,不如早早相逢。这些都是一个个小小的事情,像夏夜闪闪发光的萤火虫,但这些的确都是因我而生,创造于我手里。这只是我小小岁月里的一个月,其他的月份也自有其他月份的风景。如果每个月都有几件值得我去述说的事情,我也已经很感激了,也希望这些值得我能述说的事情,都来源于我的创造。因为这样的快乐才更持久,绵延于生活的河流。

结尾,柯锦川子是这样点睛的:**生命就是一张拧巴皱折的纸,我努力地摆脱现实的观念,尽量活得舒展。**

好奇心

培根说过:"知识是一种快乐,而好奇心是知识的萌芽。"

一次,培根看到漫天飘雪,忽然产生一个念头,雪是否和盐一样能起到防腐的作用呢?他决定马上做一个实验,于是迅疾下车,在山脚下一个农妇的家里买了一只鸡,让妇人去除鸡内脏,然后在鸡的体腔里塞满雪。

好奇心不单是科学的原动力,它还是快乐的源泉。有没有发现,这个世界上,最快乐的是孩子,因为他们有一双好奇的眼睛。对他们来说,什么都是新鲜的,什么都是未知的,什么都是神奇的,什么都是有趣的。

孩子们跟大人真正的不同就在于,世界对于孩子们来说是快乐的源泉,对大人们来说世界堕落成了谋生的场院——

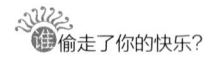谁偷走了你的快乐？

名利场；而对孩子们来说是有趣的，对大人们来说却是有用的；世界对孩子们来说，他们是真正热爱的，而对大人们来说，我们是不得不依存的。

小时候，我们对于牛郎织女和玉兔嫦娥充满了好奇，我们对星空和月亮充满了神秘感。可如今，星空和月亮的神秘感褪色了，对它们的好奇反倒成了科学家的任务。

网上有这样一个段子：

小时候过中秋，嫦娥的故事根本听不进去，心里老想着月饼。

长大了过中秋，月饼根本吃不下去，心里老想着嫦娥……

如今老了，月饼不想吃了，嫦娥也不想了，开始琢磨兔子了……红烧呢还是清炖呢……

随着我们一天天长大，一天天成熟，周围的一切似乎都变得司空见惯了，好像什么都是那么回事儿，感觉没啥意思。也因此多了些乏味，少了很多的乐趣。

其实，我们正处于变化最快的时代，总有新的、我们没有经验过的东西不断地涌现。只需要我们稍微训练和发挥一下好奇心，就能发掘出无穷的乐趣。以我们成年的智慧，何不试着再去好奇呢？

继续保持一颗童心，用好奇的眼睛去看世界，换一个角度去看，择一种方式去想，平常的事物也会变得新鲜起来。而对那些新鲜的东西，先不要拒绝，可以尝试去了解一下。

爱因斯坦说："什么是好奇心，它是人性当中一株神圣但是非常脆弱的幼苗，人人生而有之，你我他都有。"

怎样能够保持好奇心这棵嫩苗不夭折？答案是常怀谦虚之心。**人只有自知无知，才能永远求知；人只有自知无知，才会保持对身边的一切新奇。这就是乔布斯说的"求知若饥，虚心若愚"**。

只有谦虚，才能容得下更大的世界，而自顾高傲昂头前行的人，势必对这个世界冷漠以待。说到冷漠，不仅仅指的是人与人之间的冷漠，还有人对大自然的冷漠。

一个植物学专业的学生，受"一沙一世界，一花一天堂"的启发，然后去把一朵小花解剖了。他后来叙说："我在解剖这朵小花的时候，越解剖越心怀虔诚，我打开那朵小花之后，发现它的色彩、它的形态、它的香气，未经雕琢，却具有一副天然的和谐。原来生命界里的每一个简单的生命，它都是这样一个别出心裁的世界。一旦当你将它放大，你就会发现它别有一番洞天。"

就像耶稣在《圣经》中说：只有小孩子才能进入我的王国。变得像孩子一样纯洁天真，然后用惊奇与魔幻般的眼睛去看世界，你才能够进入到快乐的王国。

所以，我们不但要用自己充满好奇心的感官，去寻找、去发现，同时，对身边人偶尔所展露出来的好奇心，千万别

去贬低和嘲讽,认为那是一文不值的小儿科。即便就是小儿科,但却也是最宝贵的小儿科,它能带给我们单纯的、率真的、童年般的快乐。

如果你还一直端着成熟的架子敖倪于世,那是多么的可怜。周国平在接受记者采访的时候曾经这样说道:"童心和成熟并不互相排斥。一个人在精神上足够成熟,能够正视和承受人生的苦难,同时心灵依然单纯,对世界仍然怀着儿童般的兴致,这完全是可能的。我不认为麻木、僵化、世故是成熟,真正的成熟应该具有生长能力,因而毋宁说在本质上始终是包含着童心的。"

人为什么不快乐?对此你还好奇吗?让我们一起来探索吧!

思考:你在生活中发现了什么?尝试下娱乐的心、爱心、创造的心、艺术的心以及好奇心,还可以包括品格之美和人性之美。或者搞一次"发现生活之美"的摄影大赛吧?动用一下大家的自拍神器。

仪式感

法国童话《小王子》里说,仪式感就是使某一天与其他日子不同,使某一时刻与其他时刻不同。对待生活中那些看似平凡的小事,试着用一种仪式重新包装它,让其焕发出新的意义。

比如开学时,新课本发下来,在家长的指导下,有的孩子细心地给书包上封皮,甚至自己动手来设计封皮。包书皮既能防止课本被磨损,也是新学期开始前的小仪式。让孩子意识到,从现在起,要端正态度,好好迎接新学期。之后,孩子每次看到书皮,都会联想到自己开学时的决心。

古人云,"沐浴焚香,抚琴赏菊"。意思是,在弹琴之前,要沐浴焚香,营造出氛围,创造出意境,既是对音乐的尊重,也能奏出美妙的乐曲。

这与茶道有异曲同工之妙,净手、温壶、放茶、洗茶、冲泡……奉茶,将虔诚之心镌刻到这些烦琐的细节之中,品出的是茶香,更是一种精神的修炼。

为什么人们如此注重仪式呢?因为它会让生活变得情趣盎然、多姿多彩。而对生活选择敷衍的人,生活也只会报之以无趣和索然无味。

通过一种反复"表演"的仪式,可将仪式感和内心里的积极感觉如确定感、秩序感、振奋感、优雅感等,连结在一起。就好比集体的晨操和升旗仪式,能将情绪快速带入向上和庄严肃穆的状态。

运动员在调整心态时,都做几乎同样的动作,如深呼吸、调整步伐、呼喊鼓励等,这种习惯就像肌肉记忆,能迅速把精神和心理状态调整到最佳预设。

生活中,每一个重要的有意义的节点,我们都可以给它一个仪式。如生日、各种纪念日、住了新房、买了新车、签

偷走了你的快乐?

第一笔单、解决了一个难题、破了一个新的记录……

至于办公桌上放一杯可乐或者一面镜子,工作前唱一支歌开嗓提神,或者打开窗户对着外面高喊一声"我来啦!",都是一种凝神聚气的仪式,你能够借助它进入一种忘我的状态。

化妆也是一种仪式。一边对镜梳妆的过程,就是一个为生活积极准备,并提振精神的过程。包括着装、发型、饰物等,也都是仪式感的表现形式。**当你愿意为生活付出时间精力打造你的形象时,说明你开始尊重你的生活了,而尊重生活的背后,是源于对自我的尊重和爱。**

如此看来,女人为自己多准备几支不同色号的口红,应该是一种必要的奢侈,不为过分,因为能赏心悦目——"悦"本就是让你愉悦的意思。

这种仪式感和小小的自我暗示看起来微不足道,但它却是一面面飘荡在你人生旅途中的小红旗,为你的快乐呐喊助威。

其实生活本身就是看似平淡无奇而又匆匆忙忙的,但不管别人怎么看,都值得将它仪式化,值得你我用庄重认真的态度去对待它。

所以,当有一个联通的话务员,向我咨询如何走出职场困境的时候,我给她的第一个建议就是:从化妆和每天美美地上班开始。因为我了解到,就是因为她们的工作是在幕后,根本不与顾客照面,才忽视了打扮自己的仪式。

没想到结果出奇得好,自从听从了我的建议,她就去网上看了各种化妆视频,苦练化妆技艺。她每天早早地起床,把自己收拾的美美地上班,果然状态完全不一样了,她的专注力和反应力明显提升,不久还被评为了优秀员工。

从今天开始,假设你有早睡早起的习惯,务必起床之后先下去跑几圈,跑完步之后回来冲个热水澡,换上一身得体的衣裳,再精心地给自己化上一个淡淡的妆容,跨入公司大门,将指纹输入打卡系统,随着一声"谢谢",你的心里也会自然地涌起一种不一样的感觉。

动作化

你可能有这样的经历,心情烦躁时,电话铃响了,你假装快乐地和你的朋友说话。奇怪的是,挂掉电话后,你不再感到那么烦躁了。

以上的现象还导致了心理学的一个重大发现——**情绪和态度影响着行为,情绪和态度也跟随着行为**。如果你想变得快乐,那么你可以先有快乐的行动,把快乐动作化,最后一定能变得快乐。

而微笑这种世界性的语言就是最简单的快乐行动。

1. 坐在镜子前。
2. 放松自己额头和脸颊的肌肉,嘴唇微张。在科学领

谁偷走了你的快乐?

域,你现在脸上的表情是"中立"的,就像一幅等待被作画的空白画布。

3. 将嘴角肌肉向耳朵方向上拉。尽可能地大笑,笑到眼睛周围的脸颊上开始出现皱纹。最后,将眉部肌肉轻轻抬起,保持这个表情二十秒钟。

4. 收起表情,想想自己现在的感觉。

你是不是比实验开始前快乐了一些?若再让你从一到十打分,现在你给自己的心情打多少分?

大部分人都说这个练习让自己感觉更加快乐。只要改变自己的面部表情几秒钟,你就能感受到情绪上的巨大变化,负面能量也随之被驱散。

你也可以画两张你开怀大笑时的自画像,提醒自己经常微笑。其中一张自画像画在 A4 大小的纸上,另一张画在 5 厘米见方的纸片上。尽量把自己画得幽默、快乐一些。将大的画像挂在家中显眼处,小的画像放在钱包中,让它们时时提醒你记得微笑。

平时,如果你能在微笑中完成以下动作,效果会更好。

1. 伸个懒腰。
2. 潇洒自如的习惯动作,比如用手指轻轻叩击方向盘。
3. 慵懒的依靠。

4. 和善上扬的语调。

5. 吹口哨。

6. 低声吟唱。

7. 耸肩。

8. 几步华尔兹舞步。

如果在以上动作中,给自己一个语言的心理暗示——"现在是幸福时刻!"效果更佳。哪怕脱口说出来,只要身边没人说你发神经,或者你根本不在乎别人嫉妒你的幸福,都是可以的。

哪怕一开始,别人,甚至你自己,都觉得你是在假装快乐。但不要紧,假装的快乐也会导致真正的快乐体验。就像有的时候你假装伤心地哭,可一旦哭起来便越哭越伤心,是因为哭的行为促进了你的悲哀情绪,之后悲伤情绪反过来让你哭得越重,彼此的因和果混淆在一起,且相互促进。

催生正能量和快乐,就是那么简单!

小确幸

"小确幸"一词的意思是微小而确实的幸福,出自村上春树的随笔,由翻译家林少华直译而进入现代汉语。

笔者倒是觉得,小确幸的"发明权"交给日本人有失公允了。早在村上春树之前,清朝人金圣叹的三十三个"不亦快哉",应该算是小确幸的鼻祖。

谁偷走了你的快乐？

金圣叹是一个对生活永远充满乐观态度的人。他潇洒达观，十分懂得玩味和领会生活的乐趣。

有一次他和一位朋友共住，屋外下了十天雨，对坐无聊，他便和朋友一件件地说日常生活中的乐事，一共列出了三十三件"不亦快哉"（那不是很快乐吗）的事。

夏七月，天气闷热难当，浑身出汗。正不知如何时，雷雨大作，身汗顿收，苍蝇尽去——不亦快哉！

独坐屋中，正思鼠害之恼，忽见一只可爱的猫，疾速跑来，除去了老鼠——不亦快哉！

上街见两个酸秀才争吵，满口之乎者也。让人烦恼。这时来一壮夫，振威一喝，争吵立即化解——不亦快哉！

推开纸窗户，放蜂子出去——不亦快哉！

还债毕——不亦快哉！

读唐人传奇《虬髯客传》（一部侠客小说）——不亦快哉！

就连最终身陷囹圄将被斩首时，他叫来狱卒说"有要事相告"。狱卒以为大师会透露出传世宝物的秘密，或是什么惊天动地的大事，拿来笔墨伺候大师。但没想到大师的"临终要事"竟然还是幽默。金圣叹指着狱卒给的饭菜说："花生米与豆干同嚼，大有核桃之滋味。得此一技传矣，死而无憾也！"这也是大师最后一句被记录下来的话。

刀起头落,从金圣叹耳朵里滚出两个纸团,刽子手疑惑地打开一看:一个是"好"字,另一个是"疼"字。

他以一种悠闲自得的心情与外界交往,体味着生活的每一丝细微的波澜,每一阵触动心灵的颤抖,并从中去感悟快乐。

不可否认,我们在追名逐利的路上,脚步越发匆忙,加之受到"不以物喜,不以己悲"这种过高的格调的影响,追求深远与豁达,却忽视了小确幸,忽视了微小的心灵颤动。

现在,可能到了该补补这些人生课堂的"副课"的时候了。

曾经有本书,就叫作《你好,小确幸》,对小确幸有过这样的诗意描述:

它有一股子甜柔、丰饶、温暖的感觉,好像有只看不见的神秘之手把一勺充满花香的蜂蜜洒在心头,可以清晰地感受到它流淌、漫溢、消失。

每一枚"小确幸"的持续时间为3秒钟到3分钟不等。当然,它不是凭空蒸发掉了,而是深入浸润了我们的生命。小确幸可不是那种招之即来挥之即去的玩意儿,你若无视,它就消失。你若注视,它便浮出。最好,像集邮那样搜集在一处,翻阅、摩挲、回味。

作者还在豆瓣网上建了一个"小确幸"小组,一群气味

 谁偷走了你的快乐？

相投的家伙在那里交换生活中种种微妙的意趣与欢喜。我们不集邮，我们集"幸"。

以下是来自加拿大的《环球邮报》列举出的30件令人开心的生活琐事。可供我们启发和借鉴。

1. 摸摸口袋，竟然发现里面有钱。
2. 成功赶上将要出发的汽车或火车。
3. 别人为你按着电梯门的"开"键，等你进来。
4. 电话响了，你拿起听筒发现正是刚才在想的人。
5. 请别人为你挠背，他一下子挠到了最痒的部位。
6. 突然想起小时候最好的朋友的电话号码。
7. 你打算买的东西降价了。
8. 干净利落地撕下有黏性的价格标签。
9. 衣服上弄了污渍，但轻松洗掉了。
10. 把手指上的刺挑出来了。
11. 倾听烤肉在烤架上发出"咝咝"的声音。
12. 一下子将废物扔进了垃圾箱，太准了。
13. 想着今天是星期三，其实是星期五。
14. 和朋友一起聊明星八卦。
15. 把最后一块图案放进拼图里。
16. 从洗衣机里取出的两只袜子刚好是一双。
17. 完美地磕开一个鸡蛋。
18. 收到一封信，地址是手写的。

19. 清空电脑的回收站。

20. 终于解开一个死结。

21. 换了张干净的新床单。

22. 坐飞机时，一大排座位就你一个人。

23. 炎热天气喝下一杯冰水。

24. 下雪后，第一个踩出脚印。

25. 吃妈妈做的炒鸡蛋。

26. 开了半天车，一路都是绿灯。

27. 需要拥抱的时候，得到一个温暖的拥抱。

28. 排队时，你所在的队伍最快了。

29. 广告时间换了频道，返回来的时候节目恰好开始。

30. 发现明年生日那天是星期六或星期天。

小确幸未必得刻意挖掘，信手拈来即可，以下是笔者此刻写作时捕捉到的小确幸。

1. 一个小约稿被我轻松应付掉，可以用心写书了。

2. 热水冲下，玻璃杯中绿茶翻滚，茶香四溢，500元一斤的绿茶呢！

3. 轻轻一抛，废纸团进到了纸篓。

4. 听到电脑键盘咔咔的敲击声，听说有种机械键盘，声音更好听，改天我也买个玩玩，想起来，那种敲击的感觉是不是更好啊，快乐！看来，尚未发生的未来所得也可以透支，

谁偷走了你的快乐？

哈哈……

5. 手机传来微信通知的声响，打开一看，一美女（显示是美女）加我，尽管可能是卖东西的，但我依然高兴地接受了，看她这次怎么营销我？万一不是呢？嘿嘿……

这是刚刚发生在我身上 15 分钟之内的小确幸，平均每三分钟一个，如此这般的话，生活够精彩了吧？

人的天性如此，叹息失去的，却对得到的司空见惯，入不了眼。而发现小确幸，不需要眼界，也不需要创新，好像也不是一种技能，就是一种态度和一种习惯，打开窗户，让阳光投射进来即可。"小确幸"们，本来就时刻伴随着我们，只是你熟视无睹罢了，或者选择了去发现"小确不幸"。

从此你的生活中多了一个新的概念，那么你会慢慢习惯于把你碰到的符合这一概念的事儿贴上小确幸的标签。

就像一旦脑海里有了苹果这个概念，你会发现周围更多的苹果，这就是标签的价值，小确幸就是一个个酸甜美味的红苹果。

思考：记录下你的"小确幸"，或者干脆组织一个"小确幸"的头脑风暴。

小时候……小时候

小时候的快乐是唾手可得的，因为沉浸在大放异彩的万花筒世界里。

小时候，幸福就是去外婆家，一大家子凑在一起热热闹闹，跟着表哥表姐撒了欢乱跑，油菜花田里捉嗡嗡（蜜蜂）。

小时候，幸福就是站在灶台边看着妈妈娴熟地做荷包蛋，滋溜溜的煎炸声勾出我们的馋虫，还烫着就迫不及待享用。

小时候，幸福就是累了栖在田野，听着风吹着树叶沙沙作响，盯着满天繁星琢磨会不会有另一个地球。偶尔碰到拖着尾巴妖娆一现的流星，会正儿八经地许愿。

何必羡慕儿时的幸福呢？难道等我们长大后，世界变得灰暗了吗？不是的，只是因为我们的脚步太匆忙，我们的心灵太浮躁，我们的眼睛被蒙蔽。不妨放慢脚步，驻守心灵，擦亮眼睛，"与其临渊羡鱼，不如退而结网"。

长大后，幸福就是历经了一天的辛劳之后，驻足观望自己的劳动成果，或者看到困难一个个被自己踩在脚下。

长大后，幸福就是依偎在妈妈的身旁，听妈妈讲那过去的故事，勾起自己儿时的美好回忆。

长大后，幸福就是偶尔的舍弃，片刻的简单。

以上的美好，岂是小时候能够体会和享受的？

何必羡慕小时候！

CHAPTER ELEVEN
有关快乐的

生活的暴击值得感激吗？

作为一本讲快乐的书，怎么也该剖析下与之相对应的负面情绪吧？所以原本笔者想在本书加一个篇章，叫"如何面对挫折？"

然而一是怕过于鸡汤，二是类似的话题在各种文章中实在太多了，所以就放弃了。

没想到来了一个机会，我最喜欢的一个节目《奇葩说》，网综形式的辩论节目，其中第四季一个辩题叫"生活的暴击值得感激吗？"正方观点：值得感激；反方观点：不值得感激。

看得出来，毕竟是年轻人的节目，连用词都别致，游戏中的用语"暴击"，取代了"挫折"，加之又是一场辩论，顿觉有趣多了。

客观世界在人的认知范围内，它的利弊是泾渭分明的，就如同害虫和益虫。转基因食品的利弊之所以目前还不分明，是因为人类的认识还有局限，还不敢确定利弊。

然而到了主观世界，情况就复杂得多了，好像从转基因食品一下子到了人类的基因重组，想想都头大，大到必须开脑洞，以至于常人都懒得去想。但值得有些人想，他们是科学家和当事者，当然还包括《奇葩说》的辩手们和导师们。

负面情绪背后的积极意义

所谓的暴击，指的不仅仅是客观的灾害，而是客观伤害塞给被害者的一堆负面情绪。如果压根儿没有给你带来负面情绪，那根本不叫暴击，充其量算是困难。

当代心理学认为，人类有五种基本情绪：快乐、悲伤、恐惧、愤怒和厌恶，它们分别对应于特定的躯体状态，其他的情绪是上述五种基本情绪的细微变体，比如，忧郁和惆怅是悲伤的变体，惊慌、害羞与焦虑是恐惧的变体。

值得注意的是，上述五种基本情绪中，除快乐之外，其余四种都是负面情绪，这一点意味深长。它表明，地球上的动物，包括人类自身，大多时候都生活在一种危机四伏的环境之中，身边随时会有天敌和伤害出现，更不用说洪水、干旱、疾病等自然灾害的如影相随。

在达尔文看来，情绪是一种先天的能力，通过遗传而得到，本质上它就是自然选择的产物。自然选择所保存的性状，必定是对生物体生存繁衍有利的性状。由此看来，人类的各种情绪必定对于我们的生存至关重要。

以下就是一些负面情绪背后的积极意义。

1. 悲伤、痛苦

悲痛给人动力，没有它，很多人便不会改变和突破了。"化悲痛为力量"就是这个道理。

2. 愤怒

电影中和现实中都有这样的情形，一方警告对方不要激怒他，否则"什么事情都做得出来"，足以说明愤怒的力量。龙应台先生有篇文章叫作《中国人，你为什么不生气》，其实就是在唤醒这种情绪，从而激发强大动力，让这种动力推动改变。很多内心力量不足的人，往往需要生活在愤怒里，以维持更多的力量去面对人生的困局。

3. 恐惧

恐惧是维持人类生存下去的第一重要工具，最常见的是因为恐惧而逃避。人活着不能也不应该完全没有恐惧。恐惧的积极作用，其实就是让自己更加敏锐，更加迅速的反应。人在这种状态下，有时候甚至会出现特别的力量。

勇气并不是没有恐惧。真正的勇气是，虽然有恐惧，但还能继续走下去。

4. 内疚、惭愧、遗憾

内疚、惭愧和遗憾通通属于厌恶，不过是对自己的厌恶。当我们感觉它出现的时候，一定是知道自己什么地方出现错误了。当我们承认自己做错什么的时候，就会更加清晰地知道什么是正确的事情。

内疚，是让我们行驶在正确道德通道上的"警戒线"。有了这种情绪，我们可以更好地知道什么是有所不为。

每次它们出现时，正视它们，发现它们的积极意义，都可以让我们下一次距离正确选择和完美品格更近一步。

价值论的陷阱

判断一个事物值不值得感激，可以看价值，做利弊分析。就像罗振宇老师所讲的：暴击的确给人们带来了伤害，生活中的暴击越少，社会越有向好的希望。比起70后，80后的道德水准高一些；但比起80后，90后的道德水准更高一些。因为年轻一辈人生中经历的挫折、磨难和暴击越来越少，这是社会的希望。结论是：因为暴击有害，所以不值得感激。

如果暴击无害，还叫作暴击吗？用暴击的定义，简单地就回答了辩题。这是罗振宇老师在最后结辩阶段的致命一击，辩得很有力量——总不能颠倒黑白，去感激有害的东西。

我们不妨再往下剥一层：为什么感激？继续沿用反方的价值论，看看感激和不感激有什么价值。

前提是，暴击是不期而至的，不论你欢迎和感激与否，它一样会光顾。这不像我们买东西的过程，认为值你才买，不值就不买；面对暴击我们是被动的，"强买强卖"。

接下来分析感激的利弊：选择感激后，你收获的是释然和放下，能更从容地接受它；而选择不感激，你收获的是憎恶和愤怒，更加难以摆脱它。

这是面对"强买强卖"的必然结果，暴击针对的是唯一的你。就像面对一颗白菜，你是这颗白菜的唯一消费者，这是前提，除你之外，大家都认为这颗白菜不值 100 元钱。但如果你也认为不值，你就惨了，悔恨懊恼；而如果你认为值，你就安心了。

所以，结论自有分晓，从价值论看，选择"感激"更有价值。

开下脑洞，共产主义和世界大同的实现前提只能是接受暴击，而不是征服所有暴击，更不能消除暴击。即便能预报，地震照样会死人的，不可能地球上所有的建筑物都能抵御 12 级的地震，而且死的恐怕还都是不想死的人。

那个时候，绝不是世间只有快乐，没有痛苦；而是，成熟的人们会知道如何接受痛苦，尤其心存感激地接受。

自己的选择

有些人在暴击来临之前就已经接受了暴击，而且认为这是他自己的选择，这叫心灵的通透。虽然这是一般人难以接受的。就好像上帝在这方面都无所指点，因为他们太万能、太神奇了，因而不需要辩证法。

所以，心中驻着一个万能的主，其弊端也在于此，你毫无退路。倒不如马克思，不如孔子和老子更接地气，他们更崇尚和尊重自然规律。

在老子眼里就是"否极泰来"，在孔子眼里就是"有得必有失"，在马克思那里就是"对立统一"。

很枯燥，举个生活中的例子吧，失恋。

先说失恋后：当你已经失恋的时候，只有一种方法，用热恋时期享受刻骨铭心的爱的勇气，去尽情拥抱失恋的痛苦。放心，即便你很不幸，留下来了心理阴影，那也不是你失恋后的处理方法不当导致的，为时晚矣。

所以对于失恋者，笔者从来不劝慰，也不得法，劝慰也没用，我能说的只有四个字："尽情享用！"

重点在失恋前，当你恣意享受热恋的时候……当我说到这里的时候，很多人就喊"停！"因为往往最难走出失恋痛苦的，往往不认为自己是在"恣意享受"热恋，认为自己是让对方"恣意享受"了热恋，自己是爱的付出者，结果换来了伤害。

这说明你还不懂"恋爱哲学"，当你让对方恣意享受爱的时候，其实你自己也在恣意享受着，甚至是更高级的恣意享受——施爱的享受。

所以有句话这样说："永远不要为你所爱的人过多付出，除非你做得到永远不去提及。"

在这个世界上，善良从来不是免于惩罚的挡箭牌，"善有善报"的前提是，你不能因行善而求报。所以，用"我本善良"来撇清自己的无辜，是善良者的最大悲哀。

还有人觉得，自己莫名其妙地爱上一个人，然后就不顾一切地去追，谈何"恣意享受"呢？错了，你"恣意享受"了追的过程，难道还不够吗？而且上帝认为你很轻佻，双重罪过。

当你认可你是在"恣意享受"的时候,再返回头看看老子、孔子和马克思的嘱托,以此来理解爱和恨,你就会知道,这一切都是自己的选择。

因为,既然当时"智商为零"了,你想想,不带任何智商负担地享受了那么多的风花雪月,难道就不该承受失恋的痛苦吗?如果你以"智商为零"的状态当了几年皇帝或爱妃,结果会更惨,历史上的戚夫人受到的可是人彘之刑,惨绝人寰。

所以,如果你觉得自己难以承受失恋之苦,那么,在热恋的时候就不该"恣意享受",该有数,该接受理智的约束。但如果你依然认为"死了都要爱,不极度浪漫不痛快",则要"把每天,当成是末日来看待",到最后也要"不怕热爱变火海!"我想,恋人和失恋的人,都该去 KTV 唱唱这首《死了都要爱》。一边唱,给自己脑海中刻上"这是我的选择!"以免将来后悔。

命运时常捉弄人,在当初以零智商"恣意享受"的时候,不惧火海;一旦走向清醒的时候,则希望跳出自己造就的火海。面对暴击,面对火海,难道你不该感激火海带给你的成熟吗?这可是你当初说"不怕"的!当火海燃尽的时候,你就会清醒过来。

我们是人,而不是飞蛾扑火中的可怜虫。王石选择了探险,也接受了其中的"险"。"一个探险者必须要坦然面对死亡。"这是王石承认和接受的。而热恋堪比探险,都有极致

的感官刺激,当时,你做好坦然面对失恋的准备了吗?

如果失恋不痛苦,让那些在恋爱中却保留一份智商的人情何以堪,简直天理难容。这份智商是有代价的,它就是——居安思危。

如果要问:"世上最长久的暴击是什么?"答案只有四个字——居安思危。难道我们不该感激它吗?

如果再问:"世上最残忍的暴击是什么?"答案只有两个字——死亡。它是我们的敌人还是朋友?都是。

笔者认为,还是把死亡当朋友比较好,一位值得敬畏的朋友。这样当我们虚度人生,百无聊赖的时候,可以静下心来跟它对话,听听它想说什么。

上帝的礼物

一人请求上帝赐予礼物,上帝答应了。那人去上帝那里拿回礼物,迫不及待地去拆包装。可包装十分结实,十分难拆,他花了九牛二虎之力才把包装拆开。可打开一看,里面还是包装。想到这是上帝送的礼物,他继续拆包装,累得满头大汗,筋疲力尽,才把第二层包装拆开。再一看,里面仍是包装。他再也没有耐心了,把礼物送还给了上帝,说上帝送给他的并不是什么礼物,而是一层又一层的包装。上帝当着他的面,拆开包装,里面露出一颗光芒四射的珠宝。那人后悔莫及。

上帝送人礼物,都是用重重困难做包装,一个人如果连拆三层包装的毅力和耐心都没有，又如何能得到上帝的礼物呢？

暴击就是包装得很难看的礼物，让你心怀怨恨甚至心存恐惧。如果你能带着信心，耐心、细心地拆开这个惨不忍睹的外壳包装，你会享受到它内在蕴含着的美好，而且是精心为你量身打造的礼物。

也许有人会说，不对，上帝的很多馈赠都是昭然若揭的，幸运甚至会不期而至，哪有什么奇怪的包装啊？

台湾作家蒋晓云，早在20世纪七十年代，就凭写作天赋震惊文坛。到了八十年代，正是创作的黄金年龄，蒋晓云却骤然停笔，远赴美国留学。毕业之后，蒋晓云进了国际大企业，赚着丰厚的收入，家庭幸福和美。

更难得的是，退休之后，她又重新捡起纸笔。三十年没有认真写作，按说早就滞涩了，可她的《桃花井》和"民国素人志"系列，却是这几年文坛的大发现。

在普通人看来，还有比这更圆满的一生吗？可在自述文集《云淡风轻近午天》的封面上，蒋晓云写了一句意味深长的话：**"再顺遂的人生，也有别人看不见的遗憾。"**

所以，成熟的人从来不会奢望意外之喜，上帝会给人们的每一项成绩标价。当我们穿越层层未知，从生活手里一把夺过梦寐以求的东西，难道不会暗道一声侥幸吗？谁又敢自大地说一句，这是我只凭汗水就理应得到的。会这么想的人，不是傲慢轻狂，就是心里有伤。

当你把侥幸看成自然而至的时候,"暴击"已经伺机而动。如果你误对侥幸用尽了你的感激,面对紧随其后的暴击,你就只剩下哀叹了。

所以,面对侥幸的果实,你只能用你一半的感激,留下一半给暴击,甚至留下更多。正如古希腊诗人荷马所说:"诸神赐予我们一份快乐,就要相伴双份的苦难。"

"最美的刺绣,是以明丽的花朵映衬暗淡的背景,而绝不是以暗淡的花朵映衬明丽的背景。人的美德犹如名贵的香料,在烈火的焚烧中散发出浓郁的芳香。正如恶劣的品质可以在幸运中暴露一样,最美好的品质也正是在厄运中被显示的。"哲学家培根说。

回到当时的辩论,臧鸿飞说完自己的暴击经历后,接下来的话是这样说的:我不感谢暴击,只感谢自己。每年新年,我都要在微博上给年轻人一个祝福,有一句话总要反复说,我希望你们永远不曾经历我年轻时候的一切……因为每个人的人生都值得被命运温柔以待。

如果这不是迎合辩论需要的真心话,只能说,他依然没有从暴击中解脱。因为无法做到坦然面对暴击,他才善良地祝福每一个人远离暴击。

可惜,暴击是无法远离的,你在远离暴击的同时也在远离收获和成长。

这样会让你更加不堪一击!

感性与理性

张泉灵在最后一分钟的反方结辩中,提到"面对暴击该怎么做"。理性的选择很简单,三步走:第一步,接受它;第二步,反抗;第三步,放手再重新开始,这是最关键的。

如果在张泉灵老师最后的一分钟结辩之后,还能给笔者1分钟时间的话,我会这样说:

面对挫折,我们有两个维度的反应,分别是感性和理性层面。感性层面的反应无非就是感激和憎恶,我们是不能回避的,尤其面对暴击,任何人不可能做到心净如水,除非是得道高僧。

那么,我们在按张泉灵老师说的那三个步骤执行,尤其是第一个步骤"接受它"的时候,是在感激的情绪中,还是在憎恶的氛围中更容易实现呢?

说到底,既然人生无处可逃,那么面对挫折,我们只能秉持平常心。

不是暴击值得所有人和社会感激,是暴击值得"遭受暴击的人"用感激的情怀去处理,因为你需要首先接受暴击。如果当时你有能力反抗乃至征服,就不叫暴击,而叫困难了。

哪怕你信命运的安排,信上帝的考验,或者信禅宗的果报,甚至你把对暴击的感激理解成屈服也行——大丈夫能屈能伸。

当然,你也可以说不值得感激,那是因为它的名字叫

 谁偷走了你的快乐?

"暴击",上帝也理解你,然后呢,会继续考验你。

春夏的问题

这期的《奇葩说》,当值的嘉宾是春夏。面对暴击这个话题,春夏坚持认为不值得,并讲述了自己五六年前的打工经历。

每天早上4点起床,三个小时车程去上班,妈妈来看她的时候顿时觉得她特别地乖,能照顾自己。但当那些艰辛都过去后,春夏无意中对妈妈说:"我当时过得那么不好,但是都过来啦。"她的轻描淡写却令妈妈深感内疚,觉得没尽到母亲的责任。春夏坦言生活的"暴击"让她变得"敏感,强硬,变得不会撒娇了,没有那么柔和,没有那么可爱,还超有攻击性"。

春夏动情地讲到"如果说当暴击伤害到了我,透过我去伤害到了我身边的人,那它就不值得感激。我可以过更好的生活,我也可以变成更好的人。"

女神春夏的真性情获得全场的掌声。

类似春夏这样的例子其实很多。最典型的就是,遭受失恋的暴击后,变得刀枪不入,成了打不死的小强。可是,失去了爱人的能力,不敢倾心付出爱了,面对自己的男朋友,就连"我爱你"三个字都难以出口。

该怎么看待这个问题呢?分开来说。

首先,性格无绝对好坏。很多人的性格就是这样改变的,这没什么不正常的。这个过程不见得是一个事件,有时候是一个长期的经历,里边未必有明显的暴击节点,但一定有别扭,不喜欢,不习惯,羞愧,枯燥,焦虑,等等。总之,就是一系列的负面情绪促使你改变。但是,变了未必不好啊,有得必有失,不能说春夏现在性格怎么不好。身上多了一层铠甲,一定会有重量和不舒服的。

其次,当初遭受暴击的时候,年轻和幼稚造就了所谓的"不该承受之重",以至于根本没有用"感激"来坦然面对暴击的能力,因此没有办法抚平自己的心灵创伤,才导致性格的扭曲。

这给我们一个警示,不能拔苗助长,不论是我们自己,还是家长,都该力求避免这样的超出心理承受范围的暴击。

可惜,中国太缺少教堂了,无法及时接触到上帝的援手。大部分信奉上帝的美国人,当初就是为了欢乐和安静。因为基督徒相信,暴击是上帝的礼物。

回到辩题,这个例子恰恰说明了,感激暴击是一种能力。当初春夏的成熟度还支撑不起这种能力,所以才落败了,"她想要的样子"被暴击给扭曲了,没有活成那样。

我们该反思的是如何完善自己,而不是怨恨暴击。它值得感激是因为那样对你好,你无法做到是因为你当时还容不下。

也许憎恨能让你更率性,更解气地发泄,但不是没代价的。就像锯箭疗伤,你承受不了拔箭的痛,或者你侥幸地认

为锯掉了就好了,可问题依然存在。表面上你超越了,其实心里的坎儿还没有过去。

人当然很容易从暴击中走出来,但心却特别难。感激了,也就出来了;感激了,也就放下了;感激了,创伤也就被抚平了。

即便当你还没能力感激暴击的时候,也千万别下"不值得"的结论,以免封死了你的成熟之路。

还是相信俄国诗人普希金的《假如生活欺骗了你》:一切都是瞬息,一切都将会过去;而那过去了的,就会成为亲切的回忆。

交给时间

认可了"暴击值得感激"的道理,如何做到呢?不要着急,你只需交给时间就 OK 了。

无论是感激还是憎恶,都有一个度的问题,比如 1 到 100 分的度。面对暴击,你也许当时只能做到 1% 的感激和 99% 的憎恶,可是随着时间的推移,你也许会有 100% 的感激,这就是你走向成熟的标志。

我很认同正方的观点之一:感激是一种能力。也许在当时,你还不具备感激,不具备"化心碎为艺术"的能力。

就好像对于辩手们所列举的的暴击,不论是正方的还是反方的,假设暴击发生的时候,是零感激,其实当大家在《奇葩说》谈论过往的暴击的时候,或许有了 10% 甚至 50%

的感激。假以时日，当他们登上《国际奇葩说》舞台的时候，乃至达到自己人生巅峰的时候，才有理由和底气，并坚定和自豪地说："我（100%地）感谢我过往人生中所有的暴击，我的人生就是一个化暴击为艺术的人生！"

战争往往是国家之间的暴击，但总有"一笑泯恩仇"的时刻，抹去恩仇的不是"一笑"，而是时间。任何事件，终将有一天可当笑话去讲。时间不能改变你的故事内容，却可以改变你的叙述方式。

文化大革命值不值得感激？现在看也许还是不值得。但也许再过几百年之后，当中国称霸世界之时，我们就有自信和豪情说：感谢那十年浩劫带给中华民族的历练和成熟。而且到那个时候，对于中华民族丧权辱国的近代历史，照样也会心存感激的，这叫历史的自信，它的力量甚至会远远超过"勿忘国耻"四个字的自励。

仁者无敌

辩论前正反方的支持率分别是49%对51%，到辩论后变成了31%比69%。反方胜（反方的观点是"不感激"）。

辩论是为了赢，作为《奇葩说》的辩手，无论怎么说，只要你辩的精彩，都值得肯定。

下一季的《奇葩说》的时候，主持人该有义务提醒观众：导师最终做的既然是结辩，他们的立场和观点就不是客观中立的；他们此刻不是导师，而是辩手；导师是面向全部

的红/蓝灯的颜色,而辩手仅仅是面向那 100 组红/蓝灯中的一种颜色。

忽然觉得有些可怕,因导师在观众心目中的地位,会不会误导呢?

所以由衷地希望,反方赢的是技巧,而不是价值观;现场 100 位观众代表投出的票,针对的是技巧,而不是价值观。虽然我知道这是不可能的,正方的老师和辩友没有那么差。

所以,我很为最后那 69% 的人担心,担心他们会少一些快乐宁静,虽然我一点也不否认他们的智商乃至智慧。这不是"智"的问题,更像是"仁"的问题。在快乐学中,一定是"仁者无敌"。

有一天遇到了一尊弥勒佛像,看他笑的和蔼可亲,我就想,不知道面对暴击的时候他会如何反应?于是我对他诅咒了几句,果然不为所动。接下来我干脆来了一个狠的,在他的头顶上撒了一泡尿,结果弥勒佛依旧无动于衷,自顾喜乐。而我,开始变得心虚,而后羞愧,而后不安,而后自责。

所以,面对暴击,难道"感激"不也是一种还击的力量吗?

啰嗦了这么多,回到快乐。

当你能用感激面对暴击,面对挫折的时候,不但容易接受挫折,从而尽早放下和解脱;也有利于从中获得成长,走向成熟;更关键的是,你的心永远不会因暴击而扭曲。

参考文献

[1][美]泰勒·本·沙哈尔.幸福的方法[M].北京:中信出版社.

[2][美]埃克哈特·托利.当下的力量[M].北京:中信出版社.

[3][美]斯科特·派克.少有人走的路[M].吉林:吉林文史出版社.

[4]国馆.快乐的人,都有温润的趣味[M].青岛:青岛出版社.

[5]孟祥麟.活出真正的自己[M].北京:人民邮电出版社.